长站久坐人群体能训练指导手册

ESSENTIAL MANUAL OF STRENGTH TRAINING AND CONDITIONING FOR PROLONGED STANDING AND SEDENTARY POPULATION

于　亮　主审
李春雷　主编

科 学 出 版 社
北　京

内 容 简 介

本书关注当今社会有关长站久坐的普遍现象与热点问题，在对长站久坐人群进行概念界定的基础上，对其身体特征及行为危害进行阐述。考虑到近年来体能训练的不断普及，以及长站久坐人群对于提升自身体能水平的迫切需求，同时结合此类人群的生活工作特点，编者为其量身打造了一套方便易行的训练指导方案，包括可在居家、办公室、公园、社区等室内外场景下进行的体能训练、拉伸放松训练及运动损伤康复训练，希望能够为此类人群提供有参考价值和简便实用的强身健体方法。

本书广泛适用于厨师、教师、医生、公务员、程序员、编辑、会计、军人、司机、学生、老人等可能涉及长站久坐行为的人群。

图书在版编目(CIP)数据

长站久坐人群体能训练指导手册/ 李春雷主编. —北京：科学出版社，2023.11
ISBN 978-7-03-076674-8

Ⅰ. ①长… Ⅱ. ①李… Ⅲ. ①体能—身体训练—手册 Ⅳ. ①G808.14-62

中国国家版本馆 CIP 数据核字(2023)第 197856 号

责任编辑：张佳仪/责任校对：谭宏宇
责任印制：黄晓鸣/封面设计：殷 靓

科学出版社 出版
北京东黄城根北街 16 号
邮政编码：100717
http://www.sciencep.com
南京文脉图文设计制作有限公司排版
广东虎彩云印刷有限公司印刷
科学出版社发行 各地新华书店经销
*
2023 年 11 月第 一 版 开本：787×1092 1/16
2025 年 10 月第四次印刷 印张：12 1/4
字数：245 000

定价：70.00 元

《长站久坐人群体能训练指导手册》

编委会

主　审　于　亮

主　编　李春雷

副主编　张　鹏　於来康

编　委　（按姓氏笔画排序）

王新泽　许　猛　李　钊

张景兴　胡旭明　姜建华

图片拍摄　（按姓氏笔画排序）

关　垒　安　越　何祖亮

张　鹏　郭　凯　黄洋洲

韩福栋

前 言

当下繁忙的工作、学习及快节奏的生活，使得越来越多的人不得已加入长站久坐人群行列，由于缺乏身体活动从而对健康造成不同程度的影响。人们即便意识到不良的生活方式会影响身体健康，也常常因缺乏时间和缺少锻炼指导而无法改善现状、提升健康水平。本书紧紧围绕当前社会生活中的普遍问题，从“健康中国”战略出发，以改善人民健康为出发点和落脚点，关注长站久坐群体，提出改善时间管理和行为方式，利用碎片化时间进行见缝插针式的身体训练，结合不同场景和简易条件制订训练方案，解决运动不足的问题，进行有成效、有目的、生活化的体能训练，使人们在努力工作的同时兼顾身心健康。希望本书能够给予社会大众较为全面系统的解决方案与技术支持。

北京体育大学（军民融合）体能训练学院是全国率先以体能训练作为主导专业的学院，在保障“奥运争光”战略、服务“军民融合”战略、培养高质量体能人才等方面成果丰硕。本书由博士研究生导师李春雷教授组织编写，全书借鉴了国内外体能训练领域的前沿理念与方法，汲取了体能训练专业优质课程的优势特色与精华，吸收了同类相关教材专著的先进经验与做法，可作为体育院校师生学习并指导长站久坐人群进行体能训练的专用教材。本书沿着概念引入—体能测评—体能知识储备—体能训练方案—损伤康复训练的主线建章节，力求科学性、简易性和实用性。开篇借鉴了学界对于长站久坐人群的基本界定，分析其主要特征及主要危害，让读者警惕长站久坐行为，提高健康工作、生活意识（第一章由硕士研究生导师於来康博士编写）；随后，从体能测评与评估入手，简述基本身体形态测评、功能动作筛查与关节活动度测评、基础体能测评，读者可通过以上测评方法了解自身的体能水平，同时体能基础知识一节可让读者正确认识体能的概念及体能训练的原则与注意事项。（第二章由张鹏讲师、硕士研究生导师李钊博士共同编写）；然后，通过不同场景下体能训练解决方案，读者可在小区家庭、办公室、野外训练场等不同环境条件下进行简便的体能训练（第三、四章由姜建华副教授、王新泽副教授共同编写）；最后，针对训练中可能出现的损伤与术后等情形，提供常见急、慢性损伤康复及术后康复训练指导参考（第五章由李春雷教授编写）。全书内容简洁实用、可操作性强，练习动作图文并茂，部分练习动作配备了视频影像，方便读者快速掌握动作要领。

在本书编撰过程中，硕士研究生许猛（南京航空航天大学教师）、胡旭明、张景兴参与了创编工作；博士研究生张鹏，硕士研究生吴俊麒、贾懿楷、韩福栋、安越、胡旭明、何祖亮、黄洋洲、周一博、端木顺阳、刘潇阳、刘津佟、何心怡，以及本科生郭凯、关垒等参与了图片拍摄及后期制作工作，在此对上述人员表示感谢。此外，本书的出版受到国家社科基金项目（19BTY104）的资助。

为求科学性、严谨性与系统性，本书创编几经大修，但由于编写经验有限，不足之处恳请专家和读者提出宝贵意见。让我们共同为人民健康、巩固国防、美好生活贡献力量！

李春雷

2023 年 6 月于北京

目 录

第一章

长站久坐人群概述

导　语

随着现代社会分工精细，有些职业需要长时间站立，如教师、迎宾小姐、售货员、厨师、护士、部队官兵、模特等职业岗位；有些职业需要长时间坐立，如机关工作人员、信息技术(IT)工作者、编辑、会计等职业岗位。因此，长站久坐人群的身体形态和生理功能呈现出一定的特点。长站久坐行为使得人体基本运动量不足，身体部分组织器官长期处于高负荷状态，长此以往可能带来诸多不良后果，如出现下肢静脉曲张、肥胖、糖尿病、颈椎病等，使得体质健康状况下降，影响工作效率，进而影响人们的生活质量。

学习目标

1. 了解长站久坐人群的界定及身体特征。
2. 认识长站久坐行为对人体的危害。

第一节　长站久坐人群界定

一、长站人群

长站人群(prolonged standing population)是指长时间处于站立状态进行工作的人群，通常每天站立时间累计超过 8 小时。随着现代社会分工精细，有些职业因工作性质和劳动特点的需要，要求职员长时间站立在一个面积较小的位置(如收银台、厨房、公司前台、实验室、车间流水线、哨兵岗亭等)进行工作，长期从事站立工作可带来诸多不良后果，包括下肢静脉疾病、围产期健康并发症(如早产和子痫前期)和肌肉骨骼症状(如自我报告的疼痛、不适或肌肉骨骼系统任何区域的不适等)。

站立是一种静力性动作,分为立正式站立和任意式站立。立正式站立时双足自然站立,双足跟靠拢,双足尖相距一拳,如部队官兵立正姿势。立正式站立是一种强度极大的静力性工作,而任意式站立因在一定程度上可以活动身体某些部位,并有机会在较小范围内做一些移动性活动,所以相对于立正式站立而言,其静力负荷的劳动强度较小。职场站立绝大多数属于任意式站立。

长时间站立对足底产生极大的压迫,直接影响足部健康,而双足较长时间的支撑会使脊柱各部分压力增加,造成脊柱受力不平衡,软组织疲劳,进而引起足、颈、肩、腰背等多部位疾病。人体在竖直站立的状态下通过骨骼将重力传递至足底,短时间站立时下肢负荷以重力为主,均匀的受力可以起到代偿调节作用,参与支撑的腿部各肌肉群会出现轻微或轻度的麻木、疼痛表现;而长时间的站立在重力不变的情况下,肌肉对重力的反向传导作用力增强并向躯体传导,打破腰背与下肢之间的力学平衡,引起腰背肌甚至肩颈疲劳,影响腰背肌群血液循环,出现腰背疼痛、僵硬。研究证实,机体在长时间高强度的机械负荷刺激下会产生过多的自由基,从而引起肌细胞膜的通透性增加,进而出现肌细胞能量供应障碍,最终导致肌肉损伤。

此外,膝关节在较长时间内承受较大压力,软骨压力与减压的交替过程减少,造成软骨的营养供应障碍。久之,可造成软骨细胞变性水肿,细胞数目减少,剩余细胞要发生一系列变化去适应新的状态,细胞受损的同时,释放出前列腺素、蛋白酶及溶酶体等炎性介质,引起滑囊炎,出现膝关节肿胀、疼痛等征象。

二、久坐人群

随着社会和科学技术的不断发展进步,人们的生活环境和生活质量不断得到改善,健康已成为人们普遍关心的话题,身心的健康是保证生活质量提高的重要前提。科学技术的发展给人们的生活带来了翻天覆地的变化,例如人们身边新技术新设备越来越丰富、越来越智能,然而这些技术在给人们带来极大便捷的同时,也使得久坐成为现代人们普遍的生活状态,越来越多的工作需要我们坐着来解决。因此长时间保持姿势不变、体力活动不足的人群日益增多。世界卫生组织的相关研究表明,全球每年约有200万人因久坐不动而死亡,久坐的生活方式已成为当前慢性非传染性疾病发病的第一独立因素,是世界公认的公共卫生和社会问题。因此,久坐人群的健康问题应该被重视起来。

(一)久坐行为的界定

久坐行为(sedentary behavior)这一术语来自拉丁语 sedere,意为“坐”,在相关文献中还有“TV viewing habit”“sitting”等术语与其相关。在国内有“静坐”“久坐”“久坐生活方式”“久坐不动”等不同的译法。关于久坐行为的概念尚未统一，从能量代谢和生活方式角度来看，有学者认为久坐行为是指坐姿或斜躺姿势下能量消耗1.0～1.5 MET(MET的英文全称为metabolic equivalent，指代谢当量，也称梅脱，是衡量相对能量代谢水平和运动强度的重要指标，可通过运动时耗氧量与安静时耗氧量之比来计算。例如，1 MET表示人体在静息状态下的能量消耗，相当于人体在安静坐姿状态下每公斤体重每分钟消耗3.5 mL的氧气)的行为，包括人们在工作场所、家庭环境和休闲中的长时间静坐行为；还有学者主张久坐行为是指能量消耗水平在1.0～1.5 MET范围的坐姿看电视或开车等低能量消耗的行为，有别于中等到高强度的身体活动。此外，也有学者将久坐行为定义为看电视、写作业、使用电脑或乘汽车旅行等低能量消耗水平的静坐行为，其能量消耗水平＜1.6 MET，该行为通常区别于能量消耗水平＞1.6 MET的低、中等或高强度运动的身体活动行为。久坐行为研究工作组对久坐行为的定义为：清醒状态下，坐位或卧位时，所有能量消耗不超过1.5 MET的行为，而有学者将“久坐行为总时间≥6小时(360分钟)/天”作为久坐人群的评价参考值。

(二) 久坐人群的界定

久坐人群(sedentary population)是社会快速发展过程中形成的一类以久坐低头伏案的工作或生活动作模式为主的人群，该人群往往需要长时间伏案工作、对着电脑长时间姿势不变或者长时间开车，工作压力较大，故又被称为“久坐族”。常见的久坐行为包括看电视，使用电脑、手机，打电子游戏，驾驶和阅读等。在众多职业中，坐着工作已成为普遍的现象，而互联网公司则似乎是“久坐人群”最多的地方。互联网企业由于工作性质等，很多员工平均每天要坐着工作10小时甚至更长时间。久坐不仅仅是年轻人的专属问题，老年人群和儿童青少年也会受到久坐带来的影响。例如，老年人因身体原因不能经常出门，在家久坐的时间大幅度增加，而对于儿童青少年来说，尤其是初高中生，由于学业任务繁重，容易出现久坐的情况。

复旦大学公共卫生学院一项针对3 256名上海居民的调查研究显示，大部分上海白领工作时处于久坐的状态，每年锻炼次数少于10次的人数占总调研人数的53%，而达到合理锻炼量的人群在青壮年中只占9%；另一份由39健康网做的问卷调研显示，由于8小时工作制等，国内大约有43%的人每天在办公室伏案工作超过8小时，长时间久坐人群中，只有27%的人会选择走出办公室散步，有超过30%的人选择通过上社交网站或玩游戏的方式来休息。美国威斯康星大学学术医疗机构在非运动性体力活动能量消耗的研究中发现，人们每天8小时的工作时间中有6.2小时处于久坐状态，其中有3/4的人因长期使用电脑出现身体问题，如鼠标手等。根据世界卫生组织的调查数据，久坐使人们饱受颈椎酸痛、肥胖、腰肌劳损、头疼等疾病的困扰。每年全球有200多万人因久坐而死亡，久坐已成为十大致死致疾杀手之一。久坐的生活方式在成年人中的比例高达60%～85%，到2020年，全球有70%的疾病是因为久坐因素引起。久坐不仅会引起各种疾病，还会对人的寿命造成影响。美国癌症学会2012年对1万多名成年人14年来健康数据进行了分析，在综合考虑了各项影响因素的前提下，对每天久坐超过6小时的人和超过3小时的人进行对比分析发现，每天久坐超过6小时的人比久坐超过3小时的人在死亡率上高15%～30%。此外，澳大利亚开展的一项针对8 800名成年人看电视习惯的研究发现，25岁以上的成年人每多看电视1小时，平均寿命可减少22分钟。

依工作方式动静特征的不同，久坐人群可分为静态久坐人群和动态久坐人群两大类。

1. 静态久坐人群

静态久坐人群的概念是与动态久坐人群相对的，是指在进行久坐行为活动的过程中身体未发生相对位移的久坐群体。静态久坐人群占久坐群体的大部分，涉及社会上的各行各业，是开展久坐人群体育健身干预的重点。静态久坐人群又可分为静态偏脑力型久坐人群和静态偏体力型久坐人群。

（1）静态偏脑力型久坐人群：在静态久坐的基础上，以大脑神经系统工作为主要工作性质的人群。这部分人群相对集中在机关工作人员、IT工作者、编辑、会计等工作门类中。这部分群体在工作过程中长时间保持坐立姿势，不需要过多付出自己的体力劳动，主要是依靠自己的智力开展工作。

（2）静态偏体力型久坐人群：在静态久坐的基础上，以肢体运动系统工作为主要工作性质的人群。这部分人群大部分集中在劳动密集型企业中，比如轻纺工业、手工业和服务业等产业。这些产业占用资金少，设备的技术程度低，容纳劳动力较多。这部分群体在工作过程中也是长时间保持坐立姿势，但是不同于静态偏脑力型久坐人群，他们在工作过程中需要更多地付出自己的体力劳动。

2. 动态久坐人群

动态久坐人群是指在进行久坐行为活动的过程中身体发生相对较大位移的久坐群体。动态久坐人群又可分为动态偏脑力型久坐人群和动态偏体力型久坐人群。

（1）动态偏脑力型久坐人群：在动态久坐的基础上，以大脑神经系统工作为主要工作性质的人群。这部分人群主要为各种交通运输工具的驾驶员这一群体。

（2）动态偏体力型久坐人群：在动态久坐的基础上，以肢体运动系统工作为主要工作性质的人群。这部分人群主要为在劳动密集型产业生产流水线上的工人等。

第二节 长站久坐人群身体特征

一、长站久坐人群身体形态特征

(一) 长站人群解剖特征

1. 脊柱

脊柱的负荷为某段以上的体重、肌肉张力和外在负重的总和。不同部位的脊柱节段承担着不同的负荷。腰椎处于脊柱的较低位,因而负荷相当大。当人体处于静态任意式站位时,因为要维持正常的站姿,即保持躯干的相对竖直,腰椎相对静态坐位时只能有很小程度的前屈或后伸,但站姿状态下,脊柱可保持自然弯曲度。

挺腹是人体常见的站姿,此时腰椎处于后伸状态,腰椎将承受很大的压力负荷。研究显示,人体站立时,腰部肌肉的张力始终维持在 6.5～11.6 N,且第 3、4 腰椎间盘的压力可达 8.9～12.3 N,如果长时间得不到缓解,可使腰背痛患病率大幅度增加;且随着工龄的增长,腰背痛症状出现的频率也相应增加。另有研究显示,静态站立时最佳姿势是适度前屈位,可以在站直的前提下收小腹,通过骨盆与腹背肌的整体调整得以实现。

2. 腰腹部

自然站立时,躯干部位的重量经过腰椎向下传导,通过腰部肌肉给予力量支撑,以保持腰椎的正常生理前凸,而腹肌力量较弱的人群,如肥胖者,特别是腹部肥胖者,由于大量脂肪组织在腹部堆积,肌肉组织相对较少,且肌肉较松弛,对腹部的支撑较弱,进而加重了腰部肌肉的负荷。此外,腹部越往前凸,腰部肌肉的负荷越大,长此以往,可造成腰部肌肉过度紧张。

3. 下肢

人体某种姿势的维持,均需要一定的肌张力。人体走动或站立时,小腿肌肉等紧张收缩,以维持身体姿势并保持身体平衡。但长时间保持站立不动,会影响下肢血液循环,导致下肢肿胀,甚至静脉曲张。

人体在正常的站姿下,全身的体重均匀地从脊柱、骨盆传向下肢,再由下肢传至双足,因此双足具有负载体重的重要功能。另外,从解剖学观点来看,人体共有 206 块骨,其中双足就占了 52 块,俨然是全身的支柱。但在长时间站立工作以及过度负重状态下,如搬运工作、长途步行和体重增加等,可诱发平足症。

(二) 久坐人群解剖特征

坐位姿势是一种静态姿势,静态姿势下完成单一工作,极易引起疲劳,从而使工作效率下降，易出现工作差错。长期以单一姿势工作，容易引起机体许多功能和结构的改变，进而导致疾病，即职业病。

1. 头颈部

坐姿状态下，一般头部呈前俯或后仰姿势。肩颈部肌肉是支持颈部活动的基础，其中以斜方肌、胸锁乳突肌为主要的受力肌。斜方肌位于颈部和背部，呈扁平三角形，主要控制颈部的前屈、后伸，头颈部若过分下垂或颈椎前屈，会使斜方肌处于紧张状态。研究显示，坐姿状态下颈部肌肉受力与颈角大小相关，颈部受力随角度变大而增加，颈部损伤患病率随颈角增加而升高。

2. 脊柱

脊柱由 33 块形状不规则的脊椎骨组成，按所在的位置不同分成颈椎、胸椎、腰椎、骶椎和尾椎。脊柱从侧面看，有 4 个生理弯曲，颈椎、腰椎向前凸，胸椎、骶椎和尾椎向后凸。久坐可使上身体重长时间压在脊椎底端，不符合人体脊柱最佳受力状态。如果出现坐姿不良，脊柱两侧肌肉受力不均，导致脊柱某区域肌肉骨骼负荷过重，久之可能引起脊柱侧弯。

此外，由于紧张的工作节奏，久坐人群往往会不由自主地塌腰，这不仅增加了腰椎的负担，破坏了脊柱正常的生理弯曲，使腰椎部位后凸，而且还阻碍了血液循环，从而引起腰部肌肉酸疼，甚至腰椎病变。

3. 胸部

长期静坐，低头含胸使得胸廓得不到充分扩张。如果长期保持这种姿势，一方面会影响肺的通气功能，另一方面会使胸廓变形，造成驼背。

4. 背部

人体坐立时，一般呈弓起背部向前微倾状态。首先，在该姿势下工作，脊椎骨角度和椎间盘高度的活动对背部所承受的压力是不均匀的。其次，背部伸肌几乎没有主动用力的过程，大多数处于被动拉长的状态，背部伸肌起着维持人体运动平衡和协调的作用。相对其他肌肉群，背部肌肉相对工作时间最长，因此极易产生疲劳，容易引起小肌肉纤维损伤，从而造成背部的多种不良反应，如酸、胀、痛、麻等。

5. 腰部

人体在坐姿状态下，腰椎承受着上身的重量。腰肌和腹肌类似于一块夹板，通过保持一定的张力来稳定腰椎。姿势对腰肌受力有很大的影响，有研究显示，腰部受力与躯干角度大小关系密切，躯干角小则受力小。

一项研究调查表明，电脑操作者一般习惯将屏幕置于右前方或左前方，导致工作时呈现侧身或扭腰等不良姿势。为了维持身体平衡，腰部的某一处肌肉就需要特别用力，以致受力肌容易疲劳。

6．手腕部

从事电脑行业或电子行业者由于其腕部经常需要重复用力活动或反复弯曲、伸展，参与活动的小肌肉群不足全身肌肉总量的 1/7，肌肉活动频率高于 15 次/分，操作键盘输入汉字时，手指击键频率高达 100 次/分以上，频繁收缩活动的小肌群能耗不高却容易疲劳，甚至在用力时直接压迫腕管内神经而导致腕管综合征。

二、长站久坐人群生理功能特征

（一）长站人群生理特征

1．血液循环受阻

长时间站立可对血液循环产生不良影响。与长时间坐立相比，由于维持站姿比维持坐姿时肌肉的静力性张力更大，即有更多的肌纤维处于静力性等长收缩状态。长时间站立状态下，肌张力一般可超过该肌肉最大随意收缩时的 15%～20%，研究表明，肌张力超过最大随意收缩的 15%，容易导致肌肉疲劳。

站立状态下，因血液重力的流体静力学作用，大量血液滞留在心脏水平以下的血管中，由于静脉管壁薄而易于扩张，可使其容积大幅度增加，致使静脉回流量下降。长时间站立时，由于血液回心受阻，可出现足背水肿、趾关节炎或静脉曲张等症状。站立 2 小时后下肢动脉僵硬度增加，站立对动脉硬度的影响似乎在很大程度上与腿部无关，在长时间站立期间，血管功能可能会发生负面变化，而这些变化不会因行走而消除。此外，长时间站立可引起颈、脑部的供血不足，出现头痛、头晕等症状。

2．骨骼肌肉损伤

长时间站立后，机体可出现局部血液循环障碍、代谢产物清除不力，导致局部肌肉疲劳和酸痛，进而引起骨骼肌肉损伤。这可能与机体适应代偿机制有关：在超负荷水平下，机体可能表现出适应的状态，增强局部对抗力，以尽量保持机体平衡；但长期代偿，会导致机体过度疲劳而造成难以修复的损伤。人体在站立的状态下，通过骨骼将重力传递至足底，短时间站立时下肢负荷以重力为主，均匀的受力可以起到代偿调节作用，参与支撑的腿部各肌肉群会出现轻微或轻度的麻木、疼痛表现；而长时间站立，在重力不变的情况下，肌肉对重力的反向传导作用力增强，并向躯体传导，打破腰背与下肢之间的力学平衡，引起腰背肌甚至肩颈疲劳，出现腰背疼痛、僵硬。

长站人群常伴有小腿水肿、小腿肌肉疲劳、内侧腓肠肌活动较少等症状。随着站立时间的延长，下肢肌肉疼痛感也会增加。为了保持站立姿势，需要保持下肢、臀部和脊柱的持续肌肉收缩。这种情况会对韧带和脊柱造成压力，而椎间盘会压迫神经导致疼痛。研究显示，无论工作或休息，5 小时的长时间站立都会影响肌肉、血管的状态和工作表现。

(二) 久坐人群生理特征

1. 血液循环受阻

血液周流全身,向全身输送氧和营养物质,以保证生命活动的正常进行。久坐最大的问题是下肢处于静止不动状态,下肢肌肉不能促进回心血液循环,故长期久坐会引发下肢特别是足背水肿,还会使直肠、肛管静脉回流受阻,静脉扩张而引发痔;同时造成心脏部位以下的静脉回心血流缓慢,减少心脏以上的部位,特别是大脑的血流供应,脑血供应不畅通,易出现头晕眼花、瞌睡、工作效率降低、失误率提高等不良反应。

长时间坐位状态下,心脏的回心血液减少,使心脏长期处于缺血状态,功能日益减退,心肌渐趋衰弱,血液循环减缓,导致血液在血管中淤积,会为心肌梗死、高血压、冠心病等心血管疾病埋下隐患。世界卫生组织曾明确指出,久坐是触发冠心病的重要因素。

2. 肺通气功能降低

坐位伏案,胸廓得不到充分扩张,从而影响肺的通气功能。研究表明,坐位伏案对静息时通气量的影响不大,但是从提高体能和健康水平的角度出发,长时间坐位伏案工作的人应加强扩胸动作的练习,以利肺的充分扩张,加强通气和换气的功能,使氧饱和度始终保持在 96%~98%。

3. 骨骼肌

骨骼肌是维持各种姿势的基础。坐位姿势是一种静态姿势,维持坐位姿势时,肌肉中的肌纤维长时间处于一定的静力性工作状态。虽然依靠中枢神经系统的调节使肌纤维的紧张活动可以交替进行,但这种调节的作用是相对少而慢的。长时间坐位状态下,肌纤维的紧张性收缩也限制了肌肉的血液供应,以致肌肉获取氧和营养物质相对较少,肌肉的代谢废物不易排出。久之,会引起肌肉僵硬、酸疼,引起腰酸背疼,甚至发生肌肉萎缩。坐位工作 2 小时以上,即可产生肌肉疲劳感,使工作效率下降。

4. 眼的负荷增加

在现代办公条件下,长时间对着电脑工作,眨眼次数明显减少(由日常每分钟 22 次锐减到 4~5 次)眼睛特别容易干涩。盯着电脑屏幕,其闪烁会使眼睛不断进行调节,睫状肌容易疲劳。此外,电脑也是个强发光体,同时电脑页面内容繁多,使用电脑时视觉负担很重,常常使眼睛发胀。眼睛长期超负荷工作,将会导致视力下降,发生眼部炎症(如角膜炎),同时还可能导致身心疲劳。

第三节 长站久坐行为对身体的危害

长站久坐行为是慢性疾病发生的重要潜在危险因素。随着社会分工的不断深化,科技进步、工作性质等使得长站久坐成为日常生活中的普遍现象。生活节奏的加快以及竞争压力增大让多数人处于亚健康状态，加之信息化时代人类脑力活动比重大幅增加，使得人体基本运动量不足，身体部分组织器官长期处于高负荷状态，长此以往可能会引起进一步病变，使得体质健康状况下降，影响工作效率，进而影响人们的生活质量。

一、静脉曲张

（一）静脉曲张的定义

静脉曲张是指由于血液淤滞、静脉管壁薄弱等因素，导致的静脉迂曲、扩张。身体多个部位的静脉均可发生曲张，常见的有下肢静脉曲张、精索静脉曲张等。下肢静脉曲张是血管外科的常见疾病，是一种不可逆转的静脉性疾病。浅表静脉血液回流不畅，与小腿肌肉的收缩和舒张有关。小腿静脉的血液要回流到心脏，需要克服重力，依靠小腿肌肉的收缩、舒张才能完成。长站久坐是引起下肢静脉曲张的主要原因之一。无论是长站还是久坐，都会使小腿肌肉不能得到适度的收缩和舒张，从而导致下肢静脉压力的增加，影响血液回流，引起静脉曲张。长站久坐后，如果小腿出现肿胀、僵硬的感觉，就有可能是下肢静脉曲张发出的“信号”，需要引起重视。

（二）静脉曲张的症状

单纯静脉曲张在初期常无明显症状，个别患者有酸胀感，站立时明显，行走或平卧时消失，因此在发病早期难以引起重视。临床表现为下肢特别是小腿静脉重度扩张、隆起、弯曲，站立时更明显，常有下肢沉重困乏，踝部和足背部水肿，严重时小腿皮肤出现萎缩、色素沉着、脱屑、皮肤瘙痒等，破溃后常继发溃疡，经久不愈，在曲张的血管内常形成血栓，一旦血栓脱落易造成主要脏器栓塞，如肺栓塞、心肌梗死等，严重影响患者的生活质量。

（三）静脉曲张的高危人群

1．长期重体力劳动人群

从事装卸、搬运和蹬三轮送货的工人等人群，发病率较高。主要是由于负重时腹腔内压力升高，下肢静脉回流受阻，静脉压力也相对增加，久之导致静脉内瓣膜的功能不良而形成本病。

2．长时间站立工作人群

纺织工、钳工、教师、交警、售货员等，由于长期站立，造成静脉内压力持久升高，破坏了静脉瓣膜，使下肢静脉的血液倒流而形成本病。

3．妊娠妇女

妊娠期间腹压增高，下肢静脉回流受阻而形成本病，尤其是多胎或多次妊娠者，较多见。

4．下肢深静脉血栓形成者

由于血栓堵塞了下肢深静脉，下肢静脉的血液回流受阻，加重了浅静脉的负担，使浅静脉逐渐扩张，久之导致本病形成。

（四）静脉曲张的危害

1．水肿与湿疹

由于静脉血液出现反流，患者常出现早晨病轻，夜间病重的下肢水肿现象。处理不当，水肿加重时，会引起严重湿疹。

2．静脉损伤

下肢静脉曲张人群，静脉壁薄弱，静脉压力较高，长期供血不足会引起肌肉与脂肪组织萎缩，使曲张组织凸现于皮下，容易引发溃疡，损伤静脉壁。

3．出血

静脉曲张所经过的区域，皮肤长期十分脆弱，一旦破裂，很容易引起大出血。更严重的是，这种出血往往不伴随疼痛等其他症状，如果发生在夜间，常无法察觉，直接危及生命。

4．静脉血栓

浅静脉易形成血栓、疼痛，影响行走。如处理不及时，会向上或向深静脉蔓延，造成深静脉血栓，加大肺栓塞的风险，进而危及生命。

5．溃疡直至老烂腿

患肢皮肤瘙痒，抓挠会加重湿疹。出现糜烂与溃疡，由于供血不足，溃疡组织变薄，皮肤发黑发硬，直至坏死。久而久之形成老烂腿。

（五）预防或改善静脉曲张

腿部有大量血管，踮脚时腿部肌肉一紧一松，来自心脏的动脉血在肌肉放松时会增加向肌肉的灌注量，而腿部肌肉收紧后又会挤压血管，加快静脉血液向心脏回流，从而促进腿部及全身的血液循环，使人体脏器组织的血氧供应增加，机体代谢率提高，达到消除疲劳的作用。避免长站久坐、适当运动可以有效预防下肢静脉曲张的发生。

1．操作方法

（1）推拉小腿：坐在床边，双腿放在矮凳上，先按摩左腿，左手掌贴在小腿外侧，右掌贴在小腿内侧，从膝盖开始双掌夹住左侧小腿向下推，推至踝部即往回拉，反复推摩 10～30 次，4～6 组/天。右腿锻炼方法同上。

（2）平推小腿：四指并拢，拇指分开，用手掌平推小腿血管曲张处，来回推移 30 次，4～6 组/天。

（3）按摩足底：用一只手掌按摩足底部，以涌泉穴（屈足趾，足底前 1/3 凹陷处）为中心，反复点揉 2～3 分/次。

（4）两足蹬车：仰卧床上，腰腹收紧，两足抬起像蹬自行车一样，20～30 次/组，4～6 组/天。

（5）快速步行：坚持每天快速步行 10 分钟，在快速步行时，腓肠肌的收缩运动加强，有利于下肢静脉血液的回流。快速步行后，最好躺下休息并将足抬高，足高于身体平面，躺10～15分钟。

2. 注意事项

(1) 避免长期站与坐，应让足部适当抬高，并维持膝盖弯曲，促进腿部静脉血液循环。

(2) 养成每天穿弹性袜，按摩腿部40～50分钟的习惯。晚上睡觉时，将腿部垫高10～15 cm。

(3) 避免提超过10 kg的重物，适当保持运动，如散步、快走等。

(4) 保持正常体重，避免肥胖超重，体重过大，会使腿部静脉负担增加。

(5) 每晚睡前检查，小腿是否有受伤情况，保持足及腿部卫生清洁。

(6) 避免受伤，做到戒烟戒酒。

二、肥胖

(一) 肥胖的定义

久坐行为是引起身体活动缺乏的重要原因，身体活动少的人其机体消耗必然少，多余的能量则会转化为脂肪储存，出现超重或肥胖，易引起心血管疾病。超重与肥胖不仅仅是公共卫生领域的专家、学者所关注的健康问题，也早已成为运动科学专家、学者的研究热点。2021年，国家国民体质监测中心发布的《第五次国民体质监测公报》显示，2022年我国成年人超重率、肥胖率分别为35.0%和14.6%；老年人超重率、肥胖率分别为41.7%和16.7%。成年人超重率、肥胖率的增长，以乡村人群超重率、肥胖率的快速增长为主要变化特点，但进入老年期后，乡村老年人超重率、肥胖率迅速降低，城乡差异增大。世界肥胖联盟发布的2023版《世界肥胖地图》显示，2022年，在全球年龄＞5岁的人群中，超重率为24%，肥胖率为14%，超重和肥胖人数约为26.03亿人。其中，男孩的肥胖率为10%，女孩的肥胖率为8%，成年男性肥胖率为14%，成年女性肥胖率为18%。

超重是指超过正常或标准的体重，正常或标准体重是根据个人的身高和体型而定的。肥胖是身体脂肪含量过多的一种状态，是指由遗传、营养过剩、缺乏运动等多种因素作用引起的慢性能量代谢障碍。泛美卫生组织(Pan American Health Organization, PAHO)公布的一份调查报告显示，有两个趋势最为让人担忧：一是在肥胖的人群中，青少年所占比重增多；二是肥胖现象由发达国家向发展中国家蔓延。

(二) 肥胖的分类

根据有无引起肥胖的原发疾病，可将肥胖分为单纯性肥胖、继发性肥胖和药物引起的肥胖。

1. 单纯性肥胖

凡无明显的内分泌紊乱与代谢性疾病，由遗传因素和营养过度而引起的肥胖，称为单纯性肥胖，可分为体质性肥胖和获得性肥胖。单纯性肥胖指的是并非由某些特殊的疾病引起的肥胖，而主要是由摄入的热量过多、消耗的热量较少，而使过多的热量转变为脂肪在体内储存而引起的肥胖。平常我们所见到的许多肥胖者，大多属于这种肥胖。

(1) 体质性肥胖：往往自出生后半岁左右开始，即食欲良好，营养过度，体内的合成代谢超过分解代谢，引起脂肪细胞增生肥大，脂肪分布全身。因为此种肥胖者自童年时起就比较肥胖，所以亦称为幼年起病型肥胖症。部分体质性肥胖者具有家族遗传性倾向，采用饮食控制等措施不易见效。

(2) 获得性肥胖：往往是由患者有意无意地饮食过多而引起的过食性肥胖。获得性肥胖者一般特别喜欢吃甜食如糖类和糕点等，有的患者特别喜欢吃油腻食品如肥肉和油煎食品等。获得性肥胖者往往是在成年以后(20 岁以后)由营养过度而引起肥胖，因而亦称为成年起病型肥胖症。获得性肥胖者脂肪主要分布于躯干，脂肪细胞仅呈肥大而无数量的增生，与遗传因素也有一定的关系，饮食控制对此种肥胖效果较好。

2. 继发性肥胖

继发性肥胖是由某些疾病引起体内新陈代谢紊乱而致肥胖，往往与某些内分泌及新陈代谢疾病有关，因而亦可称为新陈代谢失常性肥胖。

3. 药物引起的肥胖

药物引起的肥胖是指有使身体发胖副作用的某些药物，如肾上腺皮质激素类药物、治疗精神病的吩噻嗪类药物等引起的肥胖。

根据脂肪堆积的部位，可将肥胖分为全身性肥胖、苹果形肥胖、梨形肥胖。苹果形肥胖又称腹型肥胖、中心性肥胖、内脏型肥胖，脂肪主要沉积在腹部的皮下及腹腔内；梨形肥胖者脂肪主要沉积在臀部及大腿部。由于腹部脂肪多沉积在内脏，比其他部位的脂肪新陈代谢更活跃，因此更易进入血液系统，与高血压、高胆固醇及心脑血管疾病危险性增加有关。苹果形肥胖者的脂肪包围在心脏、肝脏、胰脏等重要内脏器官周围，所以患冠心病、脂肪肝和糖尿病的危险性要比梨形肥胖和全身性肥胖者大得多。有资料显示，肥胖者患糖尿病的危险性是普通人的 3.7 倍，而苹果形肥胖者患糖尿病的概率则是正常人的 10.3 倍。

(三) 肥胖的危害

肥胖会导致不良的健康后果，几乎影响身体的每一个系统。如果不进行治疗，这些疾病和共病会随着时间的推移而恶化。肥胖对人体生理功能和心理社会适应能力有众多的危害，如由体重过重导致骨关节损伤、心脏负担增加、免疫和内分泌功能紊乱等；肥胖的身形造成自卑、抑郁、社会适应能力差、社会接受性低等社会心理问题。超重与肥胖最主要的健康危害在于其增加慢性疾病风险和造成远期健康危害，可导致严重的健康后果。

1. 心血管疾病

肥胖与心血管疾病的危险因素有关，包括高血压、血脂异常、空腹血糖受损等。与正常体重的同龄人相比，肥胖人群的有氧耐力水平往往较低，身体质量指数（BMI）和低心血管耐力之间的关系在整个成长过程中是稳定的。此外，有证据表明，肥胖人群血管内皮功能受损，动脉硬度增加，这是亚临床动脉粥样硬化的早期迹象。动脉粥样硬化斑块的发展是生命早期开始的终身过程，肥胖在心血管疾病危险因素的发展中起着至关重要的作用，这些危险因素介导了早期动脉粥样硬化的发展。

2．内分泌系统疾病

2 型糖尿病是由胰岛素抵抗引起的多基因疾病，是肥胖人群的常见表现。在胰岛素抵抗的情况下，细胞不能对胰岛素产生正常反应，从而导致血糖水平升高。由于胰岛素抵抗通常没有迹象或症状，这种糖尿病前期往往被忽视，最终发展为 2 型糖尿病。

3．肺部疾病

肥胖人群比正常体重人群更容易患阻塞性睡眠呼吸暂停（obstructive sleep apnea，OSA）。OSA 是由睡眠时上呼吸道完全或部分阻塞引起的，可导致睡眠碎片化、间歇性缺氧或缺氧，从而增加血脂异常、高血压和胰岛素抵抗的风险。肥胖也与哮喘有关，哮喘的特征是可逆的气流阻塞和支气管痉挛。体重过轻与哮喘风险降低有关，而肥胖则会增加出现哮喘症状的可能性，包括咳嗽、气喘、呼吸短促和胸闷。

4．胃肠道疾病

非酒精性脂肪性肝病（non-alcoholic fatty liver disease，NAFLD）的患病率随着 BMI 的增加而增加，NAFLD 的特征是在不过量饮酒的情况下，出现肝脏脂肪堆积（脂肪变性）。尽管一些 NAFLD 患者出现腹痛和疲劳，但大多数患者无症状。在 NAFLD 早期，肝脏脂肪积累导致胰岛素抵抗和高胰岛素血症，如果不进行治疗，肝脏中的脂肪堆积会加剧胰岛素抵抗和代谢功能障碍，最终导致终末期肝病。早期诊断和生活方式管理对预防 NAFLD 的进展至关重要，影像学技术可以确认脂肪肝的存在，但肝脏活检是确诊 NAFLD 的金标准。此外，肥胖也与胆结石的发病率增加有关，胆结石是在胆囊内形成的，含有消化液和胆固醇的硬沉积物。虽然小的胆结石可能是无害的，但较大的胆结石会阻碍消化液的流动，引起炎症、感染和疼痛。

5．肌肉骨骼疾病

肥胖与肌肉骨骼疾病的高患病率有关。例如，肥胖对胫骨生长板施加额外的机械压力，可导致布朗特病（胫骨内翻），其特征为下肢畸形，类似于弓形腿。肥胖人群也更有可能出现肌肉骨骼疼痛和下肢应力性骨折，肌肉骨骼疼痛以及随之而来的肌肉力量和身体机能的下降可能会导致体重增加和身体不活动的循环，从而影响身体机能和生活质量。高 BMI 也是股骨头骨骺滑脱症（slipped capital femoral epiphysis，SCFE）的一个危险因素，特别是在 BMI 为 95%或以上的年轻人。SCFE 是股骨近端发生的一种疾病，其中滑脱是由正常骨骺上异常高的负荷或弱骨骺上正常负荷造成的，或两者兼有，这种情况可导致髋部疼痛、僵硬和不稳定；如果不进行治疗，可能会导致严重的并发症。

6. 皮肤疾病

肥胖人群中观察到的一种常见皮肤疾病是黑棘皮病，其特点是皮肤粗糙，不规则的皱纹和色素沉着，通常发生在颈部、腋窝和腹股沟附近。尽管其发病可能不明显，但黑棘皮病是胰岛素抵抗的显著标志，随着病情的加重而加重。

三、糖尿病

（一）糖尿病的定义

体力活动不足是2型糖尿病的高危因素，可导致胰岛素抵抗，进而发展成为糖尿病等生活方式疾病。现代生活的快节奏使人们很容易处于糖尿病高危环境中，如办公自动化、汽车、遥控器、电梯、自动扶梯等使人日常体力活动大大减少。

糖尿病是一种体内胰岛素相对或绝对不足，或胰岛素本身存在结构上的缺陷而引起的碳水化合物、脂肪和蛋白质代谢紊乱的一种慢性疾病，其主要特点是高血糖、糖尿。

（二）糖尿病的分类

中华医学会糖尿病分会对糖尿病进行了病因分类，将糖尿病主要分为1型糖尿病（type 1 diabetes）和2型糖尿病（type 2 diabetes）。另外，还有其他类型的糖尿病，如妊娠期糖尿病。

1. 1型糖尿病

胰岛素是一种调节血糖的激素，由胰岛B细胞制造，再分泌到血液中去。如果胰岛B细胞功能障碍，不能分泌足够的胰岛素，就形成了1型糖尿病。1型糖尿病，又称青年发病型糖尿病，这是因为它常常在35岁以前发病，占所有糖尿病的10%以下。1型糖尿病是依赖胰岛素治疗的，原因在于1型糖尿病患者体内胰腺产生胰岛素的细胞被破坏，从而丧失了产生胰岛素的功能。在体内胰岛素绝对缺乏的情况下，就会引起血糖水平持续升高，出现糖尿病。

1型糖尿病是一种自身免疫性疾病，胰岛素分泌缺乏和酮症酸中毒高发是1型糖尿病的基本特点。1型糖尿病在北欧国家高发，中东或亚洲国家低发。在美国，每1 000人中约有3个人发展为1型糖尿病。

2. 2型糖尿病

与1型糖尿病不同，2型糖尿病基本上是一种代谢紊乱性疾病，伴有因胰岛素分泌和作用缺陷引起的碳水化合物、脂肪和蛋白质代谢异常。此时胰岛素水平可能是正常的，甚至在早期，大多数2型糖尿病患者出现高胰岛素血症，但不能被有效利用。

其病因主要有两个方面：

（1）胰岛B细胞的功能障碍，不能分泌足够的胰岛素分解血液循环中的葡萄糖（胰岛素分泌受损）。

(2) 胰岛素抵抗：一些胰岛素敏感组织，如骨骼肌、脂肪和肝脏，由于胰岛素受体不足或功能障碍，从而对胰岛素的敏感性降低。

3. 妊娠期糖尿病

妊娠期糖尿病指妊娠前没有糖尿病，确定妊娠后，若发现有各种程度的糖耐量减低或明显的糖尿病，不论是否需用胰岛素或仅使用饮食治疗，也不论分娩后这一情况是否持续，均可认为是妊娠期糖尿病。

妊娠期糖尿病的发生率为 1%～6.6%。妊娠期糖尿病患者分娩数占总分娩数的 0.64%。妊娠期糖尿病通常形成于第 2 次或第 3 次妊娠期间，在分娩后容易发展成 2 型糖尿病。

(三) 糖尿病的危害

1. 脂代谢紊乱

糖利用的降低及胰岛素的相对不足促使脂肪分解加快，储存减少，出现血液中游离脂肪酸、低密度脂蛋白、甘油三酯等增高而高密度脂蛋白降低等脂肪代谢紊乱症状。

2. 负氮平衡

糖代谢紊乱可影响蛋白质的正常代谢，使蛋白质处于分解增加合成减少的负氮平衡状态，导致肌肉萎缩、肌力下降、免疫力低下状态。

3. 酮症酸中毒

脂肪过度分解产生的过量酮体会造成酮血症，甚至导致酮症酸中毒和昏迷。由于蛋白质分解的产物是合成糖和酮体的原料之一，蛋白质分解增加会加剧高血糖和酮症酸中毒。

4. 组织器官功能障碍

由于葡萄糖的流失，机体会调节性地多饮、多食、多尿，但体重减少，同时可使一些组织或器官发生形态结构改变和功能障碍。

5. 骨质疏松和骨关节病

由于血糖、尿糖的增加，发生渗透性利尿，大量钙质流失，加之降钙素、维生素受糖的影响而有不同程度代谢失调，进而影响骨的正常代谢，促发骨质疏松和骨关节病。

四、颈椎病

(一) 颈椎病的定义

颈椎病的一个重要原因是久坐。久坐的“坐班族”“电脑族”“开车族”是颈椎病的高发人群，长期伏案工作人群患颈椎病的概率是一般人群的 6 倍。久坐俯首办公桌/书桌的人、久坐看电脑的人、久坐开车的人头部经常处于前屈位，颈部血管受压，颈部肌肉处于紧张状态，局部血液循环不够流畅使大脑的血液和供氧量减少。久坐俯首学习、工作、游戏等，颈椎间的平衡失调，颈部的韧带、肌腱、腱鞘得不到应有的松弛，就会形成颈椎骨赘、颈项韧带钙化骨化，颈椎随之僵硬变直，由此发生类型不同的颈椎病。

颈椎病，也称颈椎综合征，是颈椎骨关节炎、增生性颈椎炎、颈神经根综合征、颈椎间盘脱出症的总称。病理来源主要为颈椎长期受到劳累、骨质增生，以及椎间盘脱出和韧带增厚等，使颈椎脊髓、神经根或是椎动脉受到压力作用的影响，而表现出各种功能障碍性的临床综合征。颈椎病包括多种类型，如颈型颈椎病、神经根型颈椎病、椎动脉型颈椎病、脊髓型颈椎病、交感神经型颈椎病等，其中神经根型颈椎病发病率最高，占60%～70%。

（二）颈椎病的分类及临床症状

颈椎病的主要临床表现为椎节失稳，松动，髓核突出或者脱出，骨赘形成；韧带肥厚或是继发性椎管狭窄等，使得邻近的神经根、脊髓、椎动脉或者颈部交感神经等组织受到刺激和压迫，从而引起一系列症状或体征。

1. 颈型颈椎病

颈项强直、疼痛、活动受限，易发生落枕，可有肩部沉重酸痛，上背部不适或疼痛，颈部肌肉痉挛、压痛，触之呈条索状或块状、结节状，或有斜角肌、斜方肌、肌间韧带胀痛，受凉、受湿、劳累时加重。X线片可无变化，或见齿状突偏移或棘突偏歪，骨质增生，生理曲度变直或后凸，或椎体轻度移位，棘间隙增宽或变窄。

2. 神经根型颈椎病

颈肩绞痛、钝痛或灼痛，向一侧或两侧上肢放射，颈部后伸或咳嗽、喷嚏、用力大便时疼痛加剧。上肢有发沉、酸软无力、握力减退或持物易坠落现象。手指和前臂多有麻木、疼痛。颈部僵硬，活动明显受限；病变椎棘突、关节囊及患侧肩胛骨内上角和胸大肌区常有压痛。上肢及手指感觉减退，可有肌肉萎缩。

3. 椎动脉型颈椎病

（1）发作性头痛：可持续数分钟至数小时甚至更长，发作期疼痛呈阵发性加剧，晨起转头颈及乘车时亦加剧。疼痛多位于一侧颈枕或枕顶部，呈灼、酸、胀痛感，可由颈后部向耳后、枕顶部、眼眶和鼻根部放射，眼前可有一过性发黑、闪光等先兆，常伴有恶心、呕吐、出汗、流涎及心慌、胸闷憋气，以及面部、硬腭、舌咽等部位麻痛、刺痒及异物感，血压可出现异常。

（2）眩晕：可有自身或周围景物旋转的幻觉，或摇晃、站立不稳、自感地面移动，或觉物体倾斜、下陷等。常在变换体位、头部过度旋转或屈伸时诱发或加剧。发作时间长短不一，由瞬间至数小时或更长，可伴耳鸣、听觉减退或渐进性耳聋等，极少伴眼球震颤。病程长者，可有脑性轻瘫、共济失调、眼球震颤等小脑及大脑枕叶损害的症状。部分患者在转颈时忽感下肢发软而突然摔倒，但多无意识障碍，短时间内能自己起立行走。

（3）视觉异常：轻者视物模糊或复视，常有发作性视力减退、眼前闪光、暗点、视野缺损或失明、幻视等。可有眼痛、眼底血管张力变化，如反射性视网膜动脉痉挛、眼底静脉扩张和动脉变细、血管痉挛性视网膜炎等。部分患者可伴眼睑痉挛、结膜充血、角膜感觉减退，甚至溃疡、泪腺分泌障碍、球后视神经炎、突眼及青光眼等。

(4) 其他：少数患者可有发作性意识障碍，如在某次过度旋转或屈伸颈部时，突感头晕眼花、剧烈头痛，并迅速晕厥乃至昏迷，数分钟后即好转，但发作后可有嗜睡及精神改变。部分患者可突感四肢麻木、无力而跌倒，但神志正常，跌倒后很快爬起并能正常行走，偶见发作性咽痛及咽部蚁行、刺痒及异物感，甚至出现干咳、声音嘶哑、吞咽困难、发呛及咽反射减弱等。

4. 脊髓型颈椎病

早期双侧或单侧下肢麻痛、僵硬发抖、颤抖、无力，行走困难；继而双上肢发麻，握力减退，持物易落。随着上述症状加重，可有便秘、排尿困难、尿潴留或失禁，或卧床不起，可并发头昏、眼花、吞咽困难、面部出汗异常等交感神经症状。

5. 交感神经型颈椎病

(1) 五官症状：眼球胀痛、怕光、流泪、眼裂增大、视物模糊、视力减退、瞳孔扩大、冒金星、飞蚊症等交感神经受刺激症状，以及眼球下陷、眼睑下垂、目干涩、瞳孔缩小等交感神经麻痹的眼部症状。鼻咽不适、疼痛，鼻塞或有异味感。咽部不适、发干、异物感、发音不清或失暗、嗳气、牙痛等。耳鸣、听力减退或耳聋等。

(2) 头面症状：头痛或偏头痛，昏沉，枕颈后部疼痛胀麻，面部充血发热、麻木等。

(3) 心血管及内脏器官症状：心慌心悸，心烦易怒，心率异常，阵发性心动过速，心前区疼痛，血压异常。可有恶心、胃脘疼痛不适，便溏或便秘，尿频、尿急或淋漓不尽，闭经，失眠多梦，烦躁易怒等。

(4) 血管运动障碍：肢体发凉，遇冷刺痒、发绀、发麻、疼痛、水肿及皮温降低等血管痉挛或指端发红、灼热、疼痛及肿胀等血管扩张症状。

(5) 神经营养及汗腺功能障碍：皮肤发绀、发凉、干燥、变薄甚或营养性皮肤溃疡，低热，多汗（以颜面、额颈、一侧肢体或手足为常见），亦可见少汗。毛发过多或干枯、脱落，指甲干燥无光泽。

第四节 体能训练在慢性疾病预防和治疗中的作用

一、慢性疾病的定义

慢性疾病全称是慢性非传染性疾病，是指一类起病隐匿，病程长且病情迁延不愈，缺乏明确的传染性生物病因证据，病因复杂或病因尚未完全确认疾病的概括性总称。慢性疾病主要指以心脑血管疾病（高血压、冠心病、脑卒中等）、糖尿病、恶性肿瘤、慢性阻塞性肺疾病（慢性气管炎、肺气肿等）、精神异常和精神病等为代表的一组疾病，具有病程长、病因复杂、健康损害和社会危害严重等特点。慢性疾病是一种长期存在的疾病状态，表现为逐渐的或进行性的器官功能减退。随着年龄的增长，慢性疾病发病率逐年上升，老年人是慢性疾病的高发人群。但是近年来，慢性疾病发病率呈现低龄化趋势。除了遗传和环境因素以外，体力活动不足和缺乏锻炼、不合理饮食和吸烟等不良生活习惯是慢性疾病发生的主要危险因素。

二、慢性疾病对生理功能的影响

慢性疾病除了使患病器官的功能下降以外，通常使患病机体与健康相关的身体素质明显下降，主要表现如下。

1．最大摄氧量

研究表明卧床10～20天可以使最大摄氧量（VO_{2max}）下降26.4%，从而使氧气摄入减少、运输能力下降、利用减少。

2．肌肉

肌肉体积、力量及毛细血管密度下降。研究表明卧床3天可使肌肉萎缩2%。

3．骨骼

骨密度下降，卧床3天可见骨钙吸收增加、钙排出增多。

4．平衡与协调

平衡能力和协调性下降，跌伤的危险性增加。

5．身体成分改变

肌肉、骨骼等减少，脂肪增加或减少。

三、体能训练的作用

体能训练可以在一定程度上起到防治因不良生活方式引起的疾病，对预防骨质疏松、延缓衰老、提高生活质量等也起着重要的作用。

（一）提高心肌供氧量

1．提高心脏泵血功能

通过体能训练，心脏的容积加大、心脏收缩能力提高，因而提高了心脏泵血功能；表现为心脏的每搏输出量增加，安静时心率降低以及同等负荷下心率下降。

2．促进侧支循环形成

通过长期坚持心肺耐力训练，可促使冠状动脉形成侧支循环，增加缺血区域的血液供应，提高心肌供氧量。

3. 减少冠状动脉管壁胆固醇的沉积

体能训练对人体的脂代谢有良好调节作用,可以使血液中低密度脂蛋白胆固醇下降、高密度脂蛋白胆固醇升高,可以减少胆固醇在冠状动脉管壁上沉积,从而缓解动脉粥样硬化的进展,改善心肌血液供应。

4. 增加心肌毛细血管的密度

通过体能训练,可加大心肌组织内毛细血管的密度和口径,改善气体交换,提高心肌对氧的摄取能力,改善心肌供氧。

5. 血红蛋白释放氧的能力提高

在通过冠状动脉血流量不变的情况下,血红蛋白释放氧的能力提高,可改善心肌供氧状况。

(二) 降低心肌耗氧量

1. 外周的节省化现象

通过体能训练,骨骼肌的有氧代谢能力增强,如骨骼肌组织中毛细血管的数量增加、口径加大,骨骼肌细胞中线粒体的质量和数量均有改善、氧化酶的活性增强,加上骨骼肌的机械效率提高,出现运动节省化现象等,使完成同样运动负荷时,肌肉对血液供应的需求量下降。这就减轻了心脏的负担,心肌耗氧量下降。

2. 减轻心脏的后负荷

通过体能训练,神经内分泌系统得到良好的调节,交感神经兴奋性下降,血液中儿茶酚胺浓度下降,动脉血管的紧张度随之下降,使血管外周阻力减小,血压下降,减轻了心脏的后负荷。当进行定量负荷运动时,心肌耗氧量下降。

(三) 减少心血管疾病的危险因素

通过体能训练,可以减少高血压、血脂异常、肥胖、血糖异常等疾病危险因素,延缓动脉粥样硬化的进展,可有效预防心脑血管意外的发生。

(四) 促进骨钙的合成代谢

骨钙在不断分解与合成的过程中,维持着动态平衡。体能训练可以通过对骨骼的机械应力作用、增加骨骼中的血流量等机制,促进骨骼中钙的沉积,对骨质疏松起到防治作用。

复习思考题

1. 如何界定长站久坐人群?
2. 长站久坐人群包括哪几类?
3. 长站久坐人群的身体形态特征是什么?
4. 长站久坐人群的生理功能特征是什么?

5. 长站久坐对身体有哪些危害?

6. 体能训练如何预防和治疗慢性疾病?

本章参考文献

高天,2015.针对久坐族的家用健身产品的创新设计[D].北京:北京理工大学.

雷雅麟,辛军国,杨春松,等,2020.久坐行为与成年人多种慢性疾病的关联研究[J].现代预防医学,47(17):3158-3163.

许荣振,2013.高等体育教育[M].杭州:浙江大学出版社.

杨双燕,周强,2016.久坐行为的流行病学研究与展望[J].中国运动医学杂志,35(5):500-505.

Anderson J, Nester C, Williams A, 2017. The effect of prolonged standing on the body and the impact of footwear hardness[J]. Footwear Science, 9(s1): S67-S68.

Coenen P, Parry S, Willenberg L, et al., 2017. Associations of prolonged standing with musculoskeletal symptoms: a systematic review of laboratory studies[J]. Gait Posture, 58: 310-318.

Halim I, Arep H, Kamat S R, et al., 2014. Development of a decision support system for analysis and solutions of prolonged standing in the workplace[J]. Saf Health Work, 5(2): 97-105.

Tremblay M S, Aubert S, Barnes J D, et al., 2017. Sedentary behavior research network (SBRN)-terminology consensus project process and outcome[J]. Int J Behav Nutr Phys Act, 14(1): 75.

Wall R, Garcia G, Läubli T, et al., 2020. Physiological changes during prolonged standing and walking considering age, gender and standing work experience[J]. Ergonomics, 63(5): 579-592.

第二章

体能测评与基础知识

导 语

人体是由多个复杂系统构成的一个有机整体，以体能为载体的运动表现受到多种因素影响，除了通过遗传效应获得先天性的体能之外，后天性的体能则主要经由有效的体能训练而得到提高。作为体能训练的逻辑起点，体能测试与评估是反映长站久坐人群身体运动能力状态的一面"镜子"。有效的体能测试与评估可以更加真实、深入地反映长站久坐人群的体能水平，在源头形成正确的体能训练方向。体能基础理论知识能够指导长站久坐人群如何科学安排训练计划。

学习目标

掌握身体形态测评、功能动作筛查与关节活动度测评、基础体能测评的基本原理和方法、体能训练的基础理论知识。

第一节 身体形态测评

身体形态测评是定量描述人体外部特征的重要方法，通过测评可以了解个体的发育特征、体质水平和营养状况。所谓身体形态，是指身体的概观性特征，包括器官的外形结构、体格、体型和姿势。时代的进步和科技智能化的发展，越来越多的人需要长时间站立或伏案来完成工作，如车间流水线工人、部队官兵、武警战士，以及文职人员、行政人员、程序员、科学研究者等，长期特定的工作姿势对身体形态造成了不良的影响，表现为过度肥胖、高低肩、圆肩驼背、头前伸、脊柱侧弯、骨盆前倾等一系列的形态异常。某些异常的形态会引发多种疾病，如肥胖会引发心血管疾病、头前伸容易导致头昏脑晕、骨盆前倾会诱发椎间盘突出等，不仅降低了工作效率，还严重影响了健康水平和生活质量。有效的身体形态测评，能够及时发现自身形态的异常表现，从而为身体形态的改善提供明确的指引。由此，在参考国民体质监测与评价、体育测量与评价有关身体形态测评内容并结合长站久坐人群特点的基础上，本节中的身体形态测评内容主要包括体格测量、身体成分测量和身体姿势评估三个方面。

一、体格测量

体格测量是指对人体整体和各部位的长度、量度、围度等所进行的测量，是评估人体外部形态结构、生长发育水平、身体健康水平等必不可少的方法手段。对于人体长度、量度、围度的测量，通常分别采用身高、体重、腰围和臀围等指标。此外，基于上述指标的派生指示（如身体质量指数、腰臀比），也可对体格进行综合的评价。

（一）身高

身高反映了人体的骨骼发育状况，是评价身体纵向发育水平的指标。

1. 测量器材

身高计（或电子身高计）。

2. 测量方法

（1）受试者赤足站在身高计的底板上，背向立柱。

（2）保持头部正直（注意保持耳屏上缘与眼眶下缘最低点呈水平位），躯干自然挺直，两臂自然下垂，足跟并拢，足尖分开 60°，足跟、骶骨和两肩胛间与立柱接触，呈“三点一线”站立姿势。

（3）测试人员将水平压板沿立柱下滑至受试者头顶，两眼与压板呈水平位后再进行读数，并记录。

（4）记录的数值以“厘米”为单位，精确到小数点后 1 位，测量误差不超过 0.5 cm。

3. 注意事项

身高计应选择平坦地面，靠墙放置；测量时应注意足跟、骶骨和两肩胛间是否紧靠立柱；水平压板与头顶接触时，松紧要适度，头发蓬松者要压实，头顶的发结、发辫要放开，饰物要取下；读数完毕后，应立即将水平压板轻轻推向安全高度，以防碰坏。

4. 评价标准

个体的身高受到多种因素的影响，如遗传、营养、性别、年龄以及工作环境等因素，对于长站久坐人群身高的评价，可参考《第五次国民体质监测公报》中的身高指标（表 2-1），来间接反映其自身的身高水平。

表 2-1　第五次国民体质监测成年人身高指标平均数表　　单位:cm

性别	20～24 岁	25～29 岁	30～34 岁	35～39 岁	40～44 岁	45～49 岁	50～54 岁	55～59 岁
男	172.6	172.1	171.4	170.4	169.4	168.7	167.9	167.5
女	160.6	159.8	159.1	158.6	158.0	157.5	157.2	157.0

(二) 体重

体重在一定程度上能够反映人体骨骼、肌肉、内脏器官以及皮下脂肪的综合发育状况，是评价身体横向、纵向发育水平的指标。

1. 测量器材

体重计(或电子体重计)。

2. 测量方法

(1) 受试者穿短衣裤、赤足，自然站立在电子体重计踏板中央，保持身体平稳。

(2) 待显示屏上显示的数值稳定后，记录显示的数值。

(3) 记录的数值以“千克”为单位，精确到小数点后 1 位，测量误差不超过 0.5 kg。

3. 注意事项

电子体重计应放在平坦的地面上；受试者应尽量减少着装(男、女分开独立测试)；上、下体重计时，动作要轻缓；由于体重在 1 天内主要受饮食和运动时排汗量的影响，因此一般在上午 10 时左右测量体重比较稳定。

4. 评价标准

个体的体重受到诸如遗传、性别、年龄、营养、环境乃至身高等因素的影响，长站久坐人群可参考《第五次国民体质监测公报》中的体重指标(表 2-2)，来间接反映其自身的体重水平。

表 2-2　第五次国民体质监测成年人体重指标平均数表　　单位:kg

性别	20～24 岁	25～29 岁	30～34 岁	35～39 岁	40～44 岁	45～49 岁	50～54 岁	55～59 岁
男	70.4	72.8	74.3	74.0	73.2	72.5	71.6	71.0
女	55.7	56.7	58.0	59.1	59.7	60.1	60.8	60.7

(三) 腰围

腰围是指腰的围度，主要反映腹壁肌和腹部脂肪的情况。

1. 测量器材

皮尺。

2. 测量方法

(1) 受试者自然站立，两臂自然下垂，测试人员立于受试者的正前方。

(2) 将皮尺放在受试者髂骨翼上缘与第 12 肋骨下缘连线的中点位置处(通常是腰部自然最窄部位),并沿水平方向围绕腹部 1 周。

(3) 调整皮尺,使之轻贴皮肤,不能勒紧皮肤,并在正常呼气末读数。

(4) 记录的数值以"厘米"为单位,精确到小数点后 1 位,测量误差不超过 0.5 cm。

3. 注意事项

将皮尺轻贴皮肤,切勿勒紧皮肤,且前后高度一致;在受试者平静呼气末读数;测量时,受试者尽量保持静止状态,双手自然下垂,位于身体两侧,掌心朝向大腿。

4. 评价标准

腹部脂肪是肥胖相关疾病的主要危险因素之一,因此腰围可作为一种健康风险评价指标单独使用。表 2-3 给出了基于腰围的成年人(高加索人群)风险分级,可供长站久坐人群对腰围评价时参考。此外,《第五次国民体质监测公报》中的腰围指标(表 2-4),也可间接反映其自身的腰围水平。

表 2-3 基于腰围的成年人(高加索人群)风险分级表 单位:cm

风险分级	腰围	
	女性	男性
极低	<70	<80
低	70～89	80～99
高	90～109	110～120
极高	>110	>120

表 2-4 第五次国民体质监测成年人腰围指标平均数表 单位:cm

性别	20～24 岁	25～29 岁	30～34 岁	35～39 岁	40～44 岁	45～49 岁	50～54 岁	55～59 岁
男	82.4	85.3	87.6	88.5	89.0	89.3	89.5	89.8
女	72.8	74.4	76.5	78.3	79.3	80.4	82.2	83.7

(四) 臀围

臀围反映臀部骨骼和肌肉的发育情况。

1. 测量器材

皮尺。

2. 测量方法

(1) 受试者自然站立,两臂自然下垂,测试人员立于受试者的正前方。

(2) 将皮尺水平放置在前面的耻骨联合与背后臀大肌最凸处。

(3) 调整皮尺,使之轻贴皮肤,不能勒紧皮肤,待受试者状态平稳后读数。

(4) 记录的数值以"厘米"为单位,精确到小数点后 1 位,测量误差不超过 0.5 cm。

3. 注意事项

测量时间最好是早上,早餐前进行;测量时,尽量穿比较单薄的衣服,防止衣服的厚度对测试结果造成影响;测量时,不要把皮尺拉得太紧或太松。

4. 评价标准

对于臀围的评价,长站久坐人群可参考《第五次国民体质监测公报》中的臀围指标(表 2-5),来间接反映其自身的臀围水平。

表 2-5 第五次国民体质监测成年人臀围指标平均数表 单位:cm

性别	20～24 岁	25～29 岁	30～34 岁	35～39 岁	40～44 岁	45～49 岁	50～54 岁	55～59 岁
男	95.8	97.2	97.8	97.7	97.3	97.1	96.9	97.0
女	91.4	92.2	93.2	93.8	94.3	94.5	94.9	95.1

(五) 身体质量指数

身体质量指数(body mass index, BMI)又称体重指数,是国际上常用的衡量人体胖瘦程度以及是否健康的一个标准,可以用来评估 2 型糖尿病、高血压和心血管疾病的风险。该评价方法简便易行,且对于长站久坐人群具有较好的应用价值。

1. 计算方法

$$\mathrm{BMI}(\mathrm{kg/m^2}) = \frac{\text{身体质量}(\mathrm{kg})}{\text{身高的平方}(\mathrm{m^2})}$$

2. 评价标准

由于世界各国人种和生活环境的差异,因此 BMI 的标准有所区别,具体评价标准见表 2-6。

表 2-6 BMI 参考标准表 单位:$\mathrm{kg/m^2}$

BMI 分类	世界卫生组织标准	亚洲标准	中国参考标准
偏瘦	<18.5	<18.5	<18.5
正常	18.5～24.9	18.5～22.9	18.5～23.9
超重	≥25.0	≥23.0	≥24.0
偏胖	25.0～29.9	23.0～24.9	24.0～26.9
肥胖	30.0～34.9	25.0～29.9	27.0～29.9
重度肥胖	35.0～39.9	≥30.0	≥30.0
极重度肥胖	≥40.0		

(六) 腰臀比

腰臀比(waist-to-hip ratio, WHR)是评价身体脂肪分布和判断腹腔内脂肪量的简单常用方法。体脂的分布类型是健康与疾病预防的重要指标。研究表明,相较于离心性肥胖者(脂肪分布在臀部和大腿,梨形身材)而言,向心性肥胖者(脂肪堆积在身体躯干部位,腹型肥胖,苹果形身材)的高血压、代谢综合征、血脂异常、心血管疾病和早期死亡的发生率较高。

1. 计算方法

$$\text{WHR} = \frac{\text{腰围(cm)}}{\text{臀围(cm)}}$$

2. 评价标准

对于男性而言,如果 WHR 大于 1,则属于苹果形身材,小于 1 则为梨形身材;而女性则将 0.8 作为分界线,即大于 0.8 是苹果形身材,反之则是梨形身材。此外,健康风险也会随着 WHR 的增加而升高,且因年龄和性别的差异而不同,健康风险参考标准见表 2-7。

表 2-7 基于 WHR 的健康风险参考标准

性别	年龄(岁)	风险程度			
		低	中等	高	很高
男	20～29	<0.83	0.83～0.88	0.89～0.94	>0.94
	30～39	<0.84	0.84～0.91	0.92～0.96	>0.96
	40～49	<0.88	0.88～0.95	0.96～1.00	>1.00
	50～59	<0.90	0.90～0.96	0.97～1.02	>1.02
	60～69	<0.91	0.91～0.98	0.99～1.03	>1.03
女	20～29	<0.71	0.71～0.77	0.78～0.82	>0.82
	30～39	<0.72	0.72～0.78	0.79～0.84	>0.84
	40～49	<0.73	0.73～0.79	0.80～0.87	>0.87
	50～59	<0.74	0.74～0.81	0.82～0.88	>0.88
	60～69	<0.76	0.76～0.83	0.84～0.90	>0.90

二、身体成分测量

人体主要由水、蛋白质、糖类、脂肪和矿物质等构成。人体各组成成分的相对平衡,对于机体正常的生命活动和健康水平至关重要。身体成分的测评主要是对人体脂肪成分和非脂肪成分的测评,并据此了解人体的营养状况,同时为科学饮食和疾病预防指明方向。身体成分的测量方法有多种,包括皮褶厚度测量法、生物电阻抗测量法、水下称重法、双能 X 线吸收法等,但就经济性、便捷性而言,前两种方法更佳,可作为长站久坐人群测量身体成分的首选方法。

(一) 皮褶厚度测量法

皮褶厚度测量法是用皮褶厚度计测量身体某部位的皮褶厚度，再通过回归方程计算身体密度、体脂百分比、体脂重（体内脂肪的重量）和瘦体重（又称去脂体重，指除去脂肪以外的体重）的方法。它具有简便易行、仪器方便携带、经济实用的特点。

1. 测量器材

皮褶厚度计（每次测量前都要对皮褶厚度计进行校准，使压强保持在 10 g/mm^2）。

2. 测量方法

(1) 受试者自然站立，露出测量部位。

(2) 测试人员选准测量点，用左手拇指和食指、中指将皮褶捏起，右手持皮褶厚度计将卡钳张开，卡在捏起部位下方约 1 cm 处，待指针停稳约 3 秒后，立即读数并记录。

(3) 测量 3 次取平均值，或取其中两次相同的值，测量误差不得超过 5%，记录的数值以“毫米”为单位，精确到小数点后 1 位。

3. 注意事项

所有测量部位均位于受试者身体的右侧，受试者直立；皮褶厚度计应放置于皮肤的表面，且垂直于皮褶；读数时手捏住皮褶不能松开；重复测试时，应更换测量点，或给予皮肤充分的恢复时间，以使其还原至正常纹理或厚度；如果每次测量的误差均大于 3 mm，则应测第 4 次。

4. 测量部位

(1) 肱三头肌：手臂置于身体两侧，自然下垂，测量肩峰与上臂后面鹰嘴连线的中点，皮褶走向与肱骨平行。

(2) 肩胛下角：肩胛骨下角点下约 1 cm 处，皮褶走向与脊柱成 45°角，方向斜下。

(3) 胸部：①男：腋前线与乳头连线的中点，皮褶走向斜下。②女：腋前线与乳头连线中点偏外 1/3 处，皮褶走向斜下。

(4) 腋部：腋中线与胸骨剑突所在平面交接处，皮褶走向垂直。

(5) 腹部：脐右侧 2 cm 处，皮褶走向垂直。

(6) 髂嵴上部：髂嵴上缘与腋中线相交处上方约 1 cm 处，皮褶走向稍向前下方。

(7) 大腿部：大腿前部股骨中点处，皮褶走向与股骨平行。

5. 计算方法

在对身体各测量部位的皮褶厚度进行测试后，即可采用回归方程计算身体密度、体脂百分比、体脂重和瘦体重，具体方法如下。

(1) 身体密度（density，*D*）：根据测量部位、性别的不同，计算身体密度的回归方程也有所不同，可依据自身的需要选择合适的回归方程（表 2-8）。

表 2-8 身体密度计算公式

性别	测量方法与部位	计算公式
男	7 点法：肱三头肌、肩胛下角、胸部、腋部、腹部、髂嵴上部、大腿部	D = 1.112 − 0.000 434 99 ×（7 点皮褶厚度之和）+ 0.000 000 55 ×（7 点皮褶厚度之和）^{2} − 0.000 288 26 × 年龄
	3 点法：胸部、腹部、大腿部	D = 1.109 38 − 0.000 826 7 ×（3 点皮褶厚度之和）+ 0.000 001 6 ×（3 点皮褶厚度之和）^{2} − 0.000 257 4 × 年龄
	3 点法：肱三头肌、胸部、肩胛下角	D = 1.112 502 5 − 0.001 312 5 ×（3 点皮褶厚度之和）+ 0.000 005 5 +（3 点皮褶厚度之和）^{2} − 0.000 244 × 年龄
女	7 点法：肱三头肌、肩胛下角、胸部、腋部、腹部、髂嵴上部、大腿部	D = 1.097 − 0.000 469 71 ×（7 点皮褶厚度之和）+ 0.000 000 56 ×（7 点皮褶厚度之和）^{2} − 0.000 128 28 × 年龄
	3 点法：肱三头肌、髂嵴上部、大腿部	D = 1.099 421 − 0.000 992 9 ×（3 点皮褶厚度之和）+ 0.000 002 3 ×（3 点皮褶厚度之和）^{2} − 0.000 139 2 × 年龄
	3 点法：肱三头肌、髂嵴上部、腹部	D = 1.089 733 − 0.000 924 5 ×（3 点皮褶厚度之和）+ 0.000 002 5 ×（3 点皮褶厚度之和）^{2} − 0.000 097 9 × 年龄

注：7 点和 3 点的皮褶厚度测量法在男性[±(3.4%～3.6%)]和女性[±(3.8%～3.9%)]间的误差相似。

(2) 体脂百分比(fat%，$F\%$)：采用回归方程计算出身体密度后，即可进一步对体脂百分比进行计算，具体方程如下：

$$F\% = \left(\frac{4.570}{D} - 4.142\right) \times 100$$

(3) 体脂重(fat，F)：

$$F = W \times F\%$$

式中，W 为空气中体重(weight，单位：kg)。

(4) 瘦体重(lean body weight，LBW)：

$$\text{LBW} = W - F$$

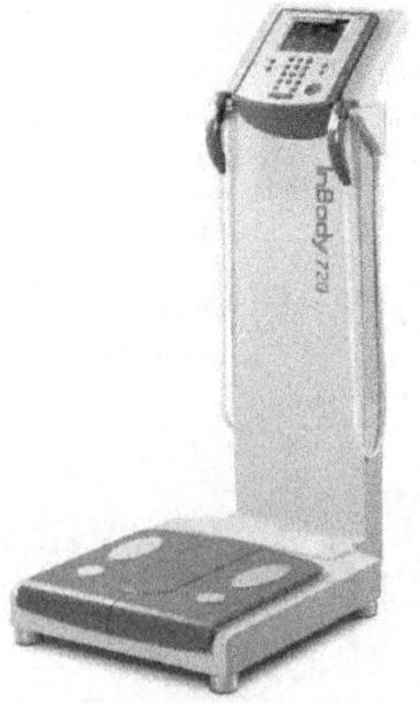

图 2-1 InBody720 身体成分分析仪

(二) 生物电阻抗测量法

生物电阻抗测量法是一种简单易行、无创伤、耗时短的身体成分测量方法，其主要原理是生物（人体）组织对外加电流场具有不同的导电效果，当有微小的电流通过身体（从足底到手掌）时，电子非脂肪组织（主要是水和电解质）是很好的导电体（阻抗低），而含水较少的脂肪组织近似为绝缘体（阻抗高），因此可通过测得阻抗值来计算身体成分。基于这一原理，现已研制出便捷实用的身体成分分析仪，如 InBody720 身体成分分析仪（图 2-1），在几分钟内就可以直接测出体重、去脂体重、身体水分总量、骨骼肌含量、体脂百分比等数据，效率非常高。

1. 测量器材

InBody720 身体成分分析仪。

2. 测量方法

(1) 根据 InBody720 身体成分分析仪说明书对仪器进行校准。

(2) 测量前 30 分钟避免剧烈运动或大量饮水。

(3) 测量时，取下身上的金属物品，保持双手足的皮肤清洁干爽，然后赤足站在分析仪上，足掌紧贴不锈钢足垫电极，双手紧握手柄，拇指按在手柄上部，四指握在手柄下面，身体直立，两臂伸直并张开 15°角。

(4) 测量过程中不说话、不移动。

(5) 测量结束后，将手柄放回原处。

(6) 测量结果通常会在电子屏幕上显示，或通过连接的打印设备打印出来。

3. 注意事项

为了保证测量的准确性，尽量选择在早晨空腹的状态下进行测量；测量前 12 小时不能饮酒或服用利尿剂，且测量前 30 分钟需排空大小便，以防此类物质对测量结果产生影响。

通过上述 2 种方法可对身体成分进行测量计算，在获得身体成分相关指标的数据后，即可对其进行评价。目前，尚没有普遍适用的身体成分评价标准，不过对于长站久坐人群来说，采用体脂百分比来评价个体的健康水平具有较大的意义。现有研究认为，男性和女性的体脂百分比分别在 10%～22%和 20%～32%范围内是较为健康的。尽管如此，健康体脂百分比的区间还受到年龄的影响(表 2-9)。

表 2-9　不同年龄体脂百分比等级评价表　　单位：%

性别	等级	＜18 岁	18～25 岁	26～35 岁	36～45 岁	46～55 岁	56～65 岁	＞65 岁
男	很低	4	4～7	8～12	10～15	12～17	15～18	15～18
	低	5～10	8～10	13～15	16～18	18～20	19～21	19～21
	偏低	—	11～13	16～18	19～21	21～23	22～23	22～23
	正常	11～25	14～17	19～21	22～24	24～25	24～25	24～25
	偏高	—	18～21	22～24	25～26	26～28	26～28	26～27
	高	26～31	22～27	25～29	27～29	29～31	29～31	28～30
	肥胖	＞31	＞27	＞29	＞29	＞31	＞31	＞30
女	很低	11	13～17	13～18	15～19	18～22	18～23	16～21
	低	12～15	18～20	19～21	20～23	23～25	24～27	22～26
	偏低	—	21～23	22～23	24～26	26～28	28～30	27～29
	正常	16～30	24～25	24～26	27～29	29～31	31～33	30～32
	偏高	—	26～28	27～30	30～32	32～35	34～35	33～35
	高	31～36	29～32	31～35	33～38	36～38	36～38	36～38
	肥胖	＞36	＞32	＞35	＞38	＞38	＞38	＞38

三、身体姿势评估

身体姿势是指身体各部位在空间的相对位置，反映了人体骨骼、肌肉、内脏器官、神经系统等各组织器官的力学关系。良好的身体姿势（如理想的站姿和坐姿）使身体各关节受力均匀，且受力相对较小，不会让某些特定的关节承担大部分的重量，避免身体功能障碍和疾病的产生。而异常的身体姿势（如异常的脊柱、骨盆、下肢、上肢姿势）则会导致关节、骨骼、肌肉和韧带承受过大的压力和张力，不仅增加肌肉疲劳，而且妨碍内脏器官功能，甚至导致损伤和疾病。对于长站久坐人群而言，长期特定的站立或伏案工作会导致脊柱、骨盆等姿势改变，进而可能导致神经肌肉功能紊乱，并产生炎症、疼痛乃至损伤，因此该类人群应格外注意对身体姿势的评估，尽早发现并解决异常的身体姿势，从而有效预防伤病的产生。在身体姿势评估的过程中，通常采用观察法进行定性的评价，即让受试者在直立站姿或坐姿的情况下，从前面、侧面、后面等方向进行全方位观测，并依据评判标准来评估身体各环节姿势是否正常。

（一）理想姿势

1. 理想站姿

部队哨兵、酒店礼仪等职业人员需要长时间保持站立姿势，理想站姿可延缓疲劳的产生、减少伤病的发生。所谓理想站姿是指当人体挺直站立时，正面观：头部中立位，两肩高度一致；骨盆水平，两髂前上棘在同一横切面上；膝关节与足尖方向一致，无内收和外展；两足向前且平行，无扁平足或外旋。侧面观：耳垂（颞骨乳突）、肩关节、重心、髋关节、膝关节及外踝关节稍前方在一条垂直重力线上。在此姿势下，重力线刚好处在颈椎、胸椎、腰椎及骶尾椎生理曲度的凹面，并产生一个协助维持各脊椎曲度的力矩，使人体能够以最少的肌肉收缩和最低的周边结缔组织压力来实现轻松站立，从而显著减少站立时维持姿势所需消耗的能量（图 2-2）。

图 2-2 理想站姿

2. 理想坐姿

信息化时代，绝大部分伏案工作者需要坐在电脑桌前办公，理想的坐姿是缓解肩颈、腰背等部位疲劳乃至疼痛的关键。理想坐姿是当人体坐在椅子上时，头部中立，两肩高度一致，自然放松；上肢肘关节屈曲 90°～120°，手腕伸直，五指自然放松；背部平直，保持自然弯曲，并靠椅背支撑；骨盆水平，位于坐骨上方，略微前倾；臀部坐在椅子后沿，紧贴椅子靠背，重心均匀分布在臀部两侧；下肢膝关节屈曲 90°～120°；两足平行放在地上或踩在脚踏上（图 2-3）。

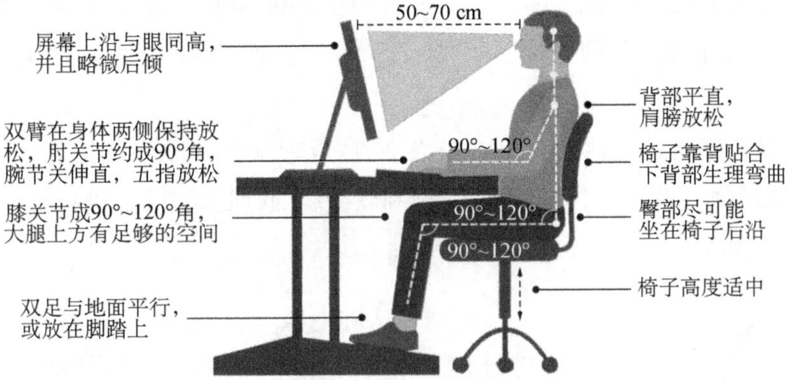

图 2-3 理想坐姿

（二）脊柱姿势评估

1. 颈椎姿势评估

（1）测试方法：受试者直立站姿（或坐姿），两臂自然下垂，静止不动。测试人员从正面、侧面、后面观察受试者的颈椎姿势。

（2）注意事项：测试人员从 3 个方向观察时，注意站在受试者的正前方、正侧方、正后方。

（3）评估方法

1）正常颈椎姿势：从后面看，颈椎是垂直的；从侧面看，颈椎的前凸与后凹形成了颈椎的生理曲度，这种正常的生理曲度增强了颈椎对轴向压力的承受能力。

2）头前伸：颈部生理曲度消失，颈椎呈直线状态。在矢状面上，头部不在躯干所在的垂直线上，而是在其前方。该姿势由看电脑屏幕时，或专注于低头看书、写作等活动时反复长时间向前伸头的动作习惯引起。

3）颈椎侧屈：从正面或后面观察，颈椎弯向一侧，双眼不平行于地平线。该姿势导致了头部侧向弯曲一侧的软组织被压缩，同时颈部相对侧的软组织被拉长。

2. 胸椎姿势评估

（1）测试方法：受试者身穿短裤（或游泳衣），自然直立站姿，两臂自然下垂，静止不动。

测试人员从侧面、后面观察受试者的胸椎姿势。

(2) 注意事项：测试人员从2个方向观察时，注意站在受试者的正侧方、正后方。

(3) 评估方法

1) 正常胸椎姿势：从后面看，胸椎呈一条直线；从侧面看，胸椎呈上凹下凸状。胸椎上承颈椎、下启腰椎，正常的姿势有助于承受身体压力。

2) 驼背（胸椎后凸）：从侧面看，胸椎过度屈曲，头或下颌前倾，肩胛骨前伸过度，同时，伴随着颈椎的过度前伸。此外，身体前部的肌肉和软组织（胸肌、肩胛下肌、背阔肌、肩胛提肌、斜方肌上束、大圆肌、胸锁乳突肌）收缩变短，身体后部的肌肉和软组织（菱形肌、斜方肌中束和下束、小圆肌）则被拉长。常见于连续数小时坐在电脑前的人群（图2-4）。

3) 平背：从侧面看，胸椎曲度减小，较为平直，或者胸椎和腰椎连接处较为平直，腰曲减少，骨盆略微后倾。此外，身体前部的肌肉和软组织（腹肌、髂腰肌）被拉长，而后部（髂肋肌）则收缩变短（图2-4）。

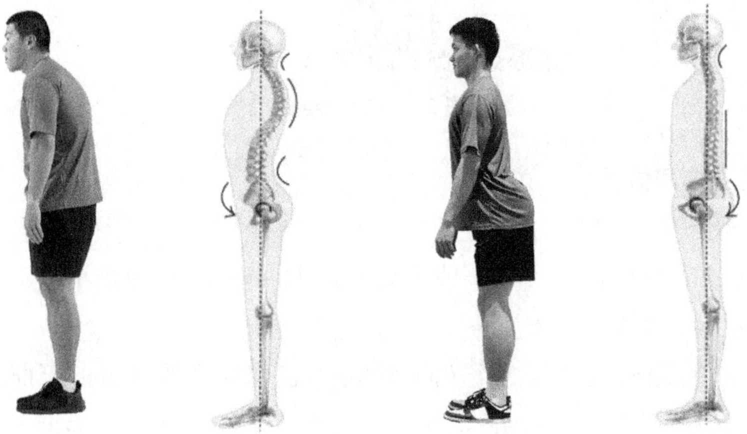

a　　　　　　　　　　b

图2-4　驼背姿势(a)、平背姿势(b)

3. 腰椎姿势评估

(1) 测试方法：受试者身穿短裤（或游泳衣），自然直立站姿，两臂自然下垂，静止不动。测试人员从侧面、后面观察受试者的腰椎姿势。

(2) 注意事项：测试人员从2个方向观察时，注意站在受试者的正侧方、正后方。

(3) 评估方法

1) 正常腰椎姿势：从后方看，腰椎呈垂直地面的直线。从侧面观察，腰椎具有向前和向后凸起的生理弯曲。与颈椎一样，腰椎的生理弯曲能够增加腰椎的承重能力（图2-5a）。

2) 腰椎前凸过度：从侧面观察，可以明显地看到腰椎前凸过度，表现为正常的腰椎生理弯曲增加，造成后背中空而骨盆向前倾斜。此时，腰椎后面软组织受到压迫，椎间盘后面的压力大于前面，并且后侧肌肉、韧带缩短而前侧拉长（图 2-5b）。

3）腰椎前凸减少：从侧面观察，可以明显看到腰椎前凸减少（腰椎前凸过平），正常的腰椎生理弯曲消失，使下腰部平坦，骨盆后倾。从正面或侧面观察，有时能看到腹部的水平折痕。此时，椎间盘前侧压力大于后侧。该异常姿势也被称为“平背”（图 2-5c）。

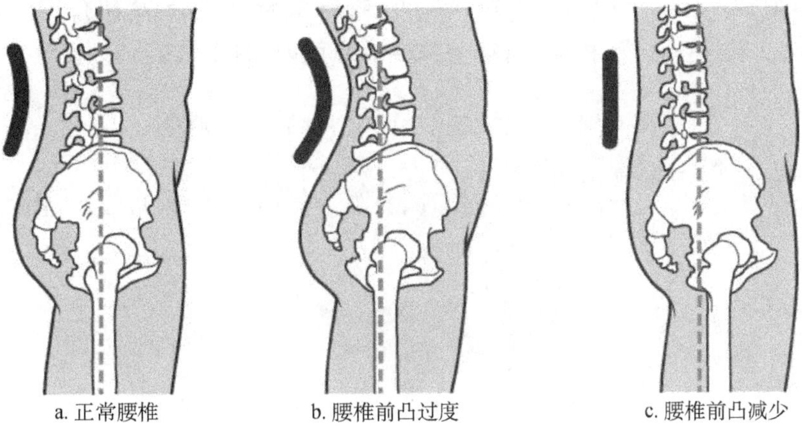

图 2-5　腰椎姿势

4. 脊柱整体姿势评估

（1）测试方法：受试者身穿短裤（或游泳衣），自然直立站姿，两臂自然下垂，静止不动。测试人员从后面观察受试者的脊柱整体姿势。

（2）注意事项：测试人员从后方观察时，注意站在受试者的正后方。

（3）评估方法

1）正常脊柱姿势：从后面看，脊柱是一条直线。从侧面看，有 4 个生理弯曲，即颈椎和腰椎向前凸，胸椎和骶椎向后凸。

2）脊柱侧凸：从后方观察，脊柱可能会呈现“C”形或“S”形，躯干左右两侧明显不对称，伴随有“高低肩”，甚至会产生严重的驼背。胸椎旋转导致曲线凸侧的肋骨向后突出，形成肋骨隆起畸形；同时，腰部凹陷侧的皮肤会产生褶皱（图 2-6）。

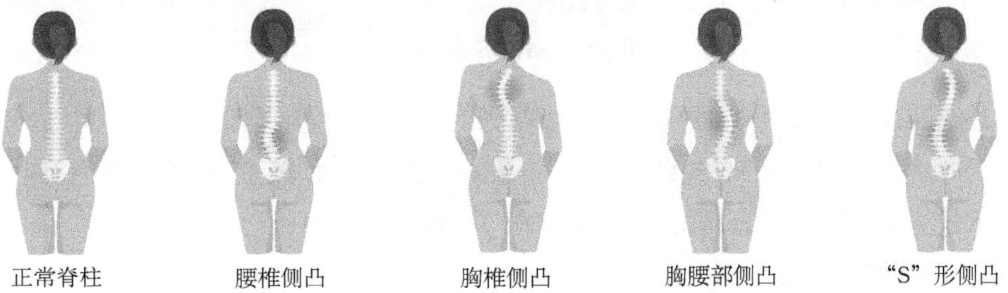

图 2-6　脊柱姿势

（三）骨盆姿势评估

（1）测试方法：受试者身穿短裤（或游泳衣），自然直立站姿，两臂自然下垂，静止不动。测试人员从前面、侧面、后面观察受试者的骨盆姿势。

（2）注意事项：测试人员从3个方向观察时，注意站在受试者的正前方、正侧方、正后方。

（3）评估方法

1）正常骨盆姿势：正面看，骨盆的髂嵴、髂后上棘和坐骨分别在同一个水平线上（图2-7）。侧面看，髂前上棘和耻骨基本在同一个平面内（图2-8a）。

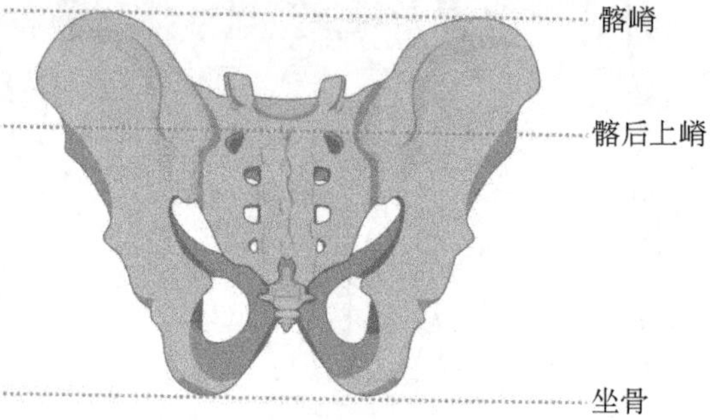

图2-7　正常骨盆姿势（正面）

2）骨盆前倾：矢状面上的髂前上棘位于耻骨联合的前方，并伴随有腰椎前凸增加。此时，腹直肌、臀大肌、臀中肌抑制或薄弱，下背部肌肉、屈髋肌群过度紧张或缩短。常见于怀孕后期的孕妇和腰围过大的人（图2-8b）。

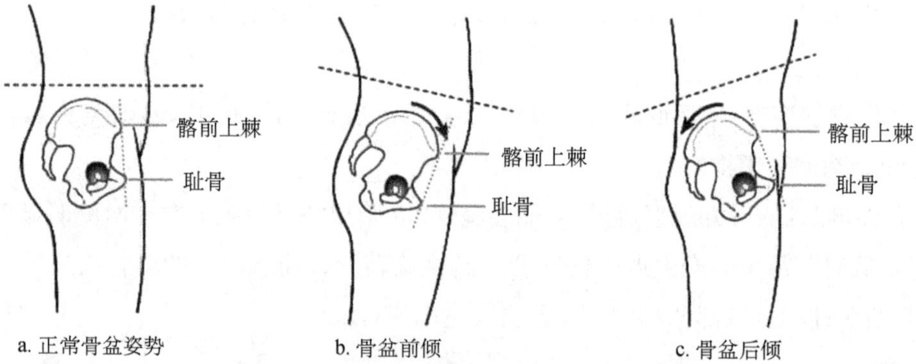

a. 正常骨盆姿势　b. 骨盆前倾　c. 骨盆后倾

图2-8　骨盆姿势（侧面）

3）骨盆后倾：矢状面上，髂前上棘位于耻骨联合的后方，并伴随腰椎前凸减少或平背，有时由于腹部肌肉紧张，可观察到腹部横向褶皱增加。此时，股直肌、臀大肌、腘绳肌过度紧张或缩短，而髂腰肌、股直肌抑制或薄弱（图2-8c）。

（四）下肢姿势评估

（1）测试器材：直尺或卷尺。

(2) 测试方法：受试者身穿短裤(或游泳衣)，裸露双腿，自然直立站姿，两臂自然下垂，静止不动。测试人员从前面观察并测量受试者两腿内侧、两膝、足跟之间的距离。记录的数值以“厘米”为单位，精确到小数点后 1 位。

(3) 注意事项：读数时，眼睛应与刻度持平。

(4) 评估方法

1) 正常腿型：受试者两膝部、两腿内侧、足跟均可靠拢互相接触，或间距小于 1.5 cm(图 2-9a)。

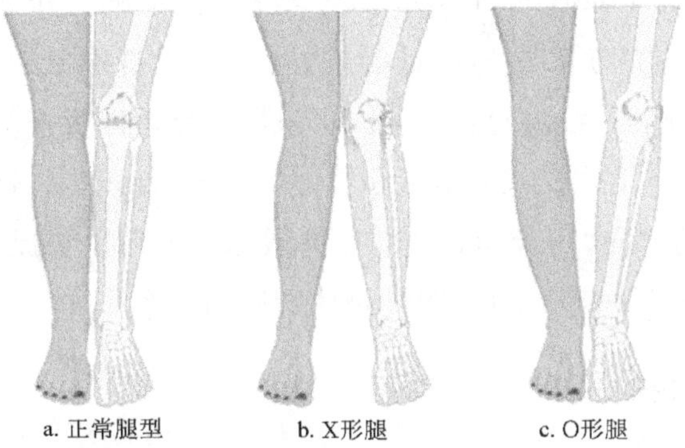

图 2-9 腿型

2) X 形腿：两膝部可靠拢，但两小腿内侧及足跟不能相互靠拢，且间距大于 1.5 cm，该腿型也被称为“膝外翻”(图 2-9b)。

3) O 形腿：大、小腿之间不能靠拢，只有足跟可以接触，两膝间距大于 1.5 cm，该腿型也被称为“膝内翻”(图 2-9c)。

(五) 上肢姿势评估

(1) 测试方法：受试者身穿短裤(或游泳衣)，自然直立站姿，两臂自然下垂，静止不动。测试人员从前面、侧面、后面，观察受试者的上肢姿势。

(2) 注意事项：测试人员从 3 个方向观察时，注意站在受试者的正前方、正侧方、正后方。

(3) 评估方法

1) 正常肩部姿势：从正面或者后面观察，两侧肩位于同一水平高度。

2) 高低肩：正面或后面观察时，一侧肩高于另一侧肩。肩胛骨上提时，被称为上抬；肩胛骨处于较低位置时，称为下降。高低肩患者的一侧肩胛骨始终保持在上抬位，此时，该侧的斜方肌上束、肩胛提肌紧张缩短，而前锯肌、斜方肌下束被拉长；而另一侧肩胛骨始终保持在下降位(图 2-10)。此外，高低肩常常伴随脊柱侧凸。

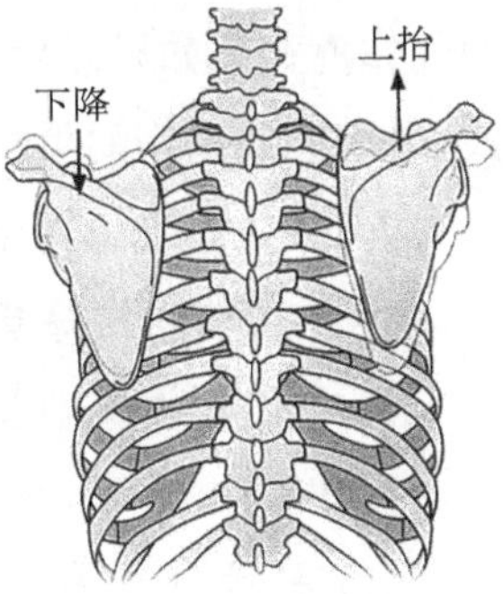

图 2-10 高低肩

第二节 功能动作筛查与关节活动度测评

无论是在高水平竞技体育领域还是在大众健身领域，动作模式都发挥着重要的基础作用，动作模式的优劣决定了动作质量的高低，进而影响训练的效果，甚至导致身体健康水平的下降。长站久坐人群由于其特定的工作模式、经年累月的固定身体姿势，使其无法表现出最佳的动作模式，丧失了原有的动作功能，表现为在日常的工作或者锻炼中常常容易出现肌肉无力、酸痛、失衡、拉伤等现象，严重者甚至会导致骨折现象的发生，这不仅降低了工作效率、锻炼效果，还影响了生活质量。为此，可采用功能动作筛查及关节活动度测评的手段了解长站久坐人群身体动作模式的质量和肢体环节的活动范围，查找运动过程中可能出现的问题和需要改进的方向，为合理有效的身体锻炼和损伤预防提供参考，最终帮助该类人群改善功能动作质量及关节活动度、提高身体锻炼的效率。

一、功能动作筛查

功能动作筛查(functional movement screen, FMS)是一种简单的、量化的基础动作能力评价方法，用以检测人体整体的动作控制稳定性、对称性、平衡能力以及各肢体环节的灵活性、本体感觉能力。该方法作为评价动作模式质量的重要工具，已经被广泛应用于竞技体育、特种行业、大众健身领域。该筛查方法是从基础动作技能的测试方法中发展而来，因此其测试的结果可作为制订健身锻炼计划的出发点。

该筛查方法共包括 7 项基本动作模式(深蹲、跨栏架步、直线弓箭步、肩部灵活性、主动直膝抬腿、躯干稳定俯卧撑、躯干旋转稳定性)和 3 项排除性测试(肩部碰撞测试、伏地起身测试、跪姿下腰伸展测试)，每项测试都要求受试者最大幅度地完成动作。如受试者没有适当的稳定性和灵活性，其动作薄弱环节就会被充分暴露。研究表明，即使高水平竞技运动员也不一定能完美地完成这些简单的动作，表现为在完成这些测试动作时，使用了代偿性的动作模式。如果以后他们继续使用这种代偿性动作，客观上就会强化这种错误的动作模式，最终会使动作的生物力学特征越来越差，并有可能导致损伤的发生。同样，对于长站久坐人群而言，如果忽视正确的动作模式，长期使用代偿性动作则会增加受伤的风险。

(一) 功能动作筛查注意事项

1. 骨性结构或体表标志

在开展功能动作筛查之前，必须掌握以下骨性结构或体表标志。

(1) 胫骨粗隆：位于胫骨体前缘上端、膝关节前面下方的粗糙隆起，可触及，屈膝时更加明显。

(2) 髂前上棘:髂嵴前端的骨性突起。

(3) 内踝和外踝:内踝指胫骨下端向内的骨突;外踝指腓骨下端向外的骨突。

(4) 腕掌侧远端横纹:位于手掌与前臂交界处的手腕正面,且靠近手掌的横纹。

(5) 膝关节线:膝关节间隙的水平线,也是膝关节的轴线。

2. 测试器材

采用功能动作筛查测试套件(或自制测试工具)进行功能动作筛查(图 2-11),具体参数如下。

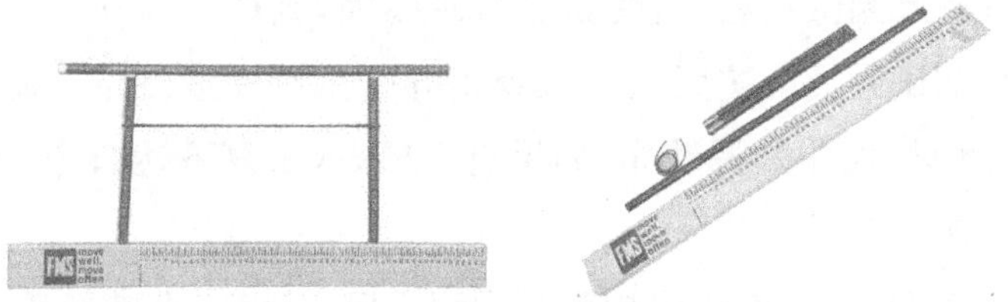

图 2-11 功能动作筛查测试套件

(1) 一根长度为 4 英尺(约 1.2 m)的长杆。

(2) 两根短杆。

(3) 一块 4 英寸(约 12 cm)宽、6 英尺(约 1.8 m)长的测试板。

(4) 一根弹力绳。

3. 测试人员的位置

测试人员在对受试者进行功能动作筛查时应注意两个因素,即距离和位置,从而有助于观察到筛查过程中所有的动作细节。

(1) 距离:测试人员要站在距离受试者足够远的位置处,才能更加全面地观察动作,并能准确地判断动作是否达到测试标准。

(2) 位置:受试者进行每项测试时有 3 次机会,测试人员可以从前面、侧面、后面 3 个位置进行观察。

(二) 功能动作筛查内容与方法

1. 深蹲

深蹲无论是在高水平竞技运动员的运动训练中,还是在大众人群的日常锻炼中都是非常具有价值的动作。深蹲模式是许多功能动作的组成部分,能够全面展示受试者的下肢灵活性、躯干核心部分的稳定性以及整体姿势控制能力,并可用于测试髋、膝、踝双侧对称的功能灵活性和稳定性,而双手持横杆举过头顶的动作则可以测试肩关节、肩胛区、胸椎的灵活性和稳定性。尽管长站久坐人群在日常生活中并不需要完成深蹲,但该动作对于发挥身体的正常功能具有十分重要的作用。若想成功地完成这一动作,上述人群需要在良好的闭合运动链下具备踝关节背屈、膝关节和髋关节屈曲、核心稳定性、胸椎的伸展以及肩关节的屈曲和外展等能力，这些能力无疑对长站久坐人群提出了挑战。

（1）测试方法：①受试者双足平行站立，与肩同宽，足尖朝前且不得朝外。同时，将横杆置于头顶上，调整双手位置，使肘关节与横杆成90°角。②受试者双臂向上伸直，将横杆举过头顶，并慢慢下蹲至尽可能低的姿势，保持双足跟着地。保持身体面向前方并挺胸抬头，横杆尽可能高得在头顶上方。③受试者可重复完成3次该动作。如果初次动作即达到了3分标准，则无须重复测试；如果没有达到3分标准，可让受试者足跟踩在测试板上进行测试，观察是否达到2分标准；如果在使用测试板的情况下仍未达到2分标准，则评分为1分；如果测试过程中，受试者出现疼痛，则评分为0分。

（2）测试口令：测试人员可按照以下口令指导受试者完成测试。需要注意：口令仅用于指导受试者完成测试，而非教授动作，如果有必要，只重复下达口令。此外，如果受试者出现疼痛应予以记录。

①两足与肩同宽，足尖朝前，挺胸抬头。②两手握住横杆，将横杆举过头顶。③将横杆举至头顶正上方。④躯干挺直，保持两膝和手臂姿势不变，尽量下蹲。⑤蹲到最低位置处保持1～2秒，然后回到原站立姿势。⑥您听明白这些口令了吗？

（3）注意事项：①如果受试者未能达到3分，则让受试者足跟踩在测试板上进行测试，且严格按照测试标准进行评价。②从正面和侧面观察受试者。③如果有必要，受试者有3次机会完成测试动作。④出现疑惑时，该项测试只得低分。⑤如果受试者在测试过程中出现疼痛，则该项测试评分为0分，并交由专业医疗人员进行全面评估。

（4）评分标准

1）3分标准（图2-12）

深蹲3分标准视频

图2-12　深蹲3分标准

- 躯干与胫骨平行或趋近垂直于地面。
- 股骨位于水平面以下。
- 两膝与两足呈一条直线。

- 横杆在两足正上方且在冠状面内保持水平。

2）2 分标准(图 2-13)

深蹲 2 分标准视频

图 2-13　深蹲 2 分标准

- 躯干与胫骨平行或趋近垂直于地面。
- 股骨位于水平面以下。
- 两膝与两足呈一条直线。
- 横杆在两足正上方且在冠状面内保持水平。
- 足跟抬高(即踩在测试板上)。

3）1 分标准(图 2-14)

深蹲 1 分标准视频

图 2-14　深蹲 1 分标准

- 胫骨和躯干不平行。
- 股骨不在水平面以下。
- 两膝与两足不在一条直线上。
- 横杆不在双足正上方。

2. 跨栏架步

跨栏架步是身体位移和加速运动的重要组成部分。虽然在长站久坐人群的日常生活与锻炼中抬腿迈步的动作幅度不会有如此之大，但是通过该项动作速度相对较慢的且对控制性要求较高的测试，能够清楚地观察和了解到受试者在单腿支撑跨步过程中的身体不对称及代偿情况。该动作需要两髋具备良好的协调性和稳定性，以完成不对称的运动，即单腿承担身体重量，另一腿自由运动，且骨盆等核心部位须保持稳定。支撑腿需要踝关节、膝关节、髋关节及骨盆表现出良好的稳定性，而跨步腿则需要踝关节、膝关节、髋关节表现出良好的灵活性，同时两侧下肢需要表现出良好的对称性。此外，灵活性、稳定性、平衡能力、姿势良好且运动功能正常时，躯干不会出现过度移动，如果测试中躯干出现过度移动则可视为代偿动作。

（1）测试方法：①测量受试者的胫骨长度（由于较难确定胫骨与股骨的确切节点，因此将胫骨粗隆中点作为测量的标志点）。受试者右足外侧贴在栏架底部，且右腿贴在栏架的一根竖杆上，随后调节栏架竖杆上弹力绳的高度，使之与胫骨粗隆中点齐平，并将栏架另一侧竖杆上弹力绳调节至相同刻度（图 2-15）。②受试者站在栏架中点的正后方，两足并拢，足尖平齐并轻触栏架底部。受试者双手在适当宽度处握住横杆，并将横杆水平置于肩后的颈部下方。随后，受试者腰背挺直，单腿支撑，另一腿跨过栏架，并用足跟支撑着地，再返回至起始姿势。受试者在完成跨栏架步动作时应缓慢、可控。③如果受试者的动作有任何一个环节未达到 3 分标准，则评分为 2 分；如果受试者不能达到任何 2 分的标准，则评分为 1 分；如果测试过程中，受试者出现疼痛，则评分为 0 分。

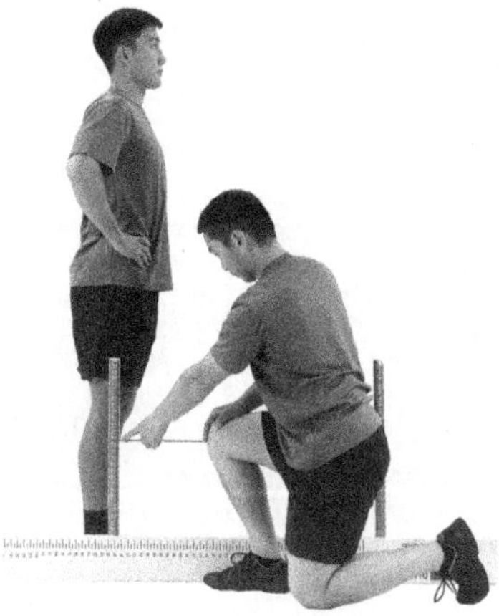
图 2-15　胫骨长度测试

（2）测试口令：测试人员可按照以下口令指导受试者完成测试。需要注意：口令仅用于指导受试者完成测试，而非教授动作，如果有必要，只重复下达口令。此外，如果受试者出现疼痛应予以记录。

①两足并拢直立站姿，足尖触碰测试板。②两手握住横杆，将横杆水平放置在颈后，紧贴双肩。③保持腰背挺直，抬起右腿，跨过栏架上的弹力绳，直至右足跟着地，同时保持右足与右侧踝、膝、髋在一条直线上。④将右足移回原位。⑤您听明白这些口令了吗？

（3）注意事项：①确保弹力绳与小腿胫骨粗隆高度一致且两端齐平。②开始测试时，要求受试者直立站姿。③为跨越栏架腿评分。④左右两侧腿均要测试。⑤在每次测试过程中和之后，确保支撑腿的足尖始终与测试板接触。⑥从正面和侧面观察。⑦观察躯干是否稳定，足、踝、膝、髋是否呈一条直线。⑧如果有必要，受试者有 3 次机会完成测试动作。⑨出现疑惑时，该项测试只得低分。⑩如果受试者在测试过程中出现疼痛，则该项测试评分为 0 分，并交由专业医疗人员进行全面评估。

（4）评分标准

1）3 分标准（图 2-16）

跨栏架步 3 分标准视频

图 2-16　跨栏架步 3 分标准

- 足、踝、膝、髋在矢状面上保持平齐。
- 躯干保持不动。
- 横杆和栏架保持平行。

2）2 分标准（图 2-17）

跨栏架步 2 分标准视频

图 2-17　跨栏架步 2 分标准

- 足、踝、膝、髋在矢状面上不能保持平齐。
- 躯干晃动。
- 横杆和栏架未保持平行。

3）1 分标准（图 2-18）

跨栏架步 1 分标准视频

图 2-18　跨栏架步 1 分标准

- 足碰到弹力绳。
- 身体失去平衡。

3. 直线弓箭步

本测试所采用的动作姿势主要是模拟旋转、减速和侧向移动等动作。在本测试中，下肢呈纹剪姿势，这时身体躯干和下肢要进行扭转，同时也要保持正确的连接，因而可以评估躯干、肩部、髋关节和踝关节的灵活性与稳定性，四头肌的柔韧性和膝关节的稳定性。受试者若想较好地完成这一动作，需要后腿踝关节、膝关节和髋关节以及下肢闭合运动链的稳定性，同时也需要前跨腿髋关节的灵活性、踝关节背屈和股直肌的柔韧性。

（1）测试方法：①测量受试者的胫骨长度，可直接采用跨栏架步测试中弹力绳所对应的刻度值作为胫骨长度。随后，受试者双足踩在测试板上，后足足尖对准测试板的 0 刻度线，前足足跟对准胫骨长度所对应的刻度线，且两足与测试板中轴线位于同一直线。②双手持横杆置于背后，其中，与前足不同侧的手在颈椎后面握住横杆，而另一只手则在腰椎后面握住横杆。此外，横杆应与头部、胸椎和骶骨相接触，并在随后的下蹲和起立过程中始终与地面垂直。③受试者必须下蹲至后膝接触前足足跟处的测试板，然后起立还原至起始姿势，才算完成直线弓箭步动作。④如果受试者的动作有任何一个环节未达到 3 分标准，则评分为 2 分；如果受试者不能达到任何 2 分的标准，则评分为 1 分；如果测试过程中，受试者出现疼痛，则评分为 0 分。

（2）测试口令：测试人员可按照以下口令指导受试者完成测试。需要注意：口令仅用于指导受试者完成测试，而非教授动作，如果有必要，只重复下达口令。此外，如果受试者出现疼痛应予以记录。

①右足踩在测试板上，足尖与 0 刻度线对齐。②根据胫骨长度，左足足跟踩在相应刻度线上。③两足平放，足尖朝前，并与测试板中轴线位于同一直线。④沿脊柱放置横杆，使横杆接触头部、上背部、臀部中央。⑤双手于背后握住横杆，右手位于颈后，左手位于腰后。⑥保持躯干挺直，横杆始终接触头部、上背部、臀部，然后下蹲至弓步姿势，右膝触碰左足足跟处的测试板。⑦起立还原至起始姿势。⑧您听明白这些口令了吗？

（3）注意事项：①评分时，左、右侧以前跨腿之左、右为准。②测试过程中，横杆始终与地面垂直，并与头部、上背部、臀部接触。③前足足跟始终与测试板接触，下蹲时后膝触碰前足足跟处的测试板，起立恢复至起始姿势后，后足足跟与测试板接触。④测试人员与受试者保持相对较近的距离，防止受试者失去平衡而摔倒。⑤左右两侧均要测试。⑥如果有必要，受试者有 3 次机会完成测试动作。⑦出现疑惑时，该项测试只得低分。⑧如果受试者在测试过程中出现疼痛，则该项测试评分为 0 分，并交由专业医疗人员进行全面评估。

（4）评分标准

1）3 分标准（图 2-19）

直线弓箭步 3 分标准视频

图 2-19　直线弓箭步 3 分标准

- 横杆始终与头部、上背部、臀部接触。
- 横杆始终垂直于地面。
- 躯干未晃动。
- 横杆与双足保持在同一矢状面内。
- 后膝触碰前足足跟处的测试板。

2）2 分标准（图 2-20）

直线弓箭步
2 分标准视频

图 2-20　直线弓箭步 2 分标准

- 横杆未能始终与头部、上背部、臀部接触。
- 横杆未能垂直于地面。
- 躯干晃动。
- 横杆与双足未能保持在同一矢状面内。
- 后膝未能触碰前足足跟处的测试板。

3）1 分标准（图 2-21）

直线弓箭步
1 分标准视频

图 2-21　直线弓箭步 1 分标准

- 身体失去平衡。
- 无法完成该测试动作。

4. *肩部灵活性*

肩部灵活性测试具有较强的针对性，可以检测肩关节区域、胸椎、胸廓在肩部运动中是否保持自然对称的运动功能。看似简单的动作模式，但在完成过程中不仅需要肩关节良好的灵活性（即良好的外展/外旋、屈曲/伸展与内收/内旋能力），而且需要胸椎良好的伸展性，同时还需要肩胛骨的稳定性和控制能力，此外，良好的体态也是高效完成该动作的重要基础。对于伏案工作者而言，长时间坐在电脑桌前办公，会导致高低肩、驼背、头前伸等一系列体态问题，最终使得该测试得分偏低。

（1）测试方法：①测量受试者的右手手长，即腕掌侧远端横纹至中指尖端的长度（图 2-22）。随后，受试者两足并拢，直立站姿，双手握拳，拇指在四指内。②受试者一手臂外展 180°，另一手臂自然下垂。然后，外展姿势下的手臂最大限度外展、外旋并向下收拢，下垂姿势下的手臂最大限度内收、内旋并向上收拢。整个过程双手保持握拳，动作连贯。③测量受试者两手之间的最近距离，此距离即为受试者肩关节活动度的大小。④最后，如果受试者的动作有任何一个环节未达到 3 分标准，则评分为 2 分；如果受试者不能达到任何 2 分的标准，则评分为 1 分；如果测试过程中，受试者出现疼痛，则评分为 0 分。

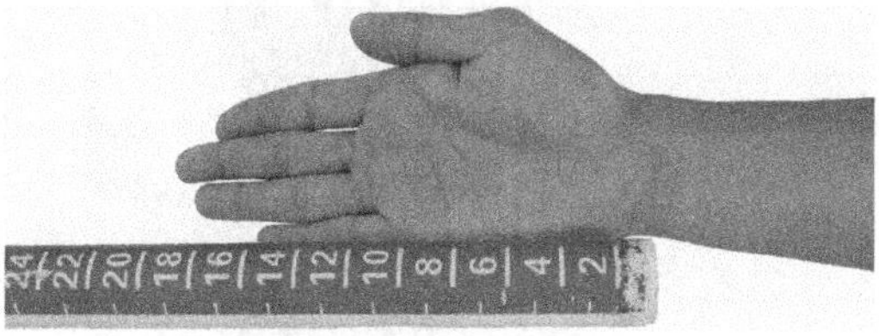

图 2-22　手长测试

（2）测试口令：测试人员可按照以下口令指导受试者完成测试。需要注意：口令仅用于指导受试者完成测试，而非教授动作，如果有必要，只重复下达口令。此外，如果受试者出现疼痛应予以记录。

①两足并拢，直立站姿，两臂自然下垂。②两手握拳，四指包住拇指。③将右拳举过头顶，然后沿着背部最大限度向下伸够，同时将左拳沿着背部最大限度向上伸够，动作连贯，一气呵成。④两手一次到位，并不得再进一步伸够以使两手靠得更近。⑤您听明白这些口令了吗？

（3）注意事项：①评分时，左、右侧以举过头顶手臂的左、右为准。②确保受试者两拳一次性到位，并不再尽力使双拳进一步靠近。③重复测试，并对两侧进行排除性测试。④如果有必要，受试者有 3 次机会完成测试动作。⑤如果受试者在测试过程中出现疼痛，则该项测试评分为 0 分，并交由专业医疗人员进行全面评估。

（4）评分标准

1）3 分标准（图 2-23）

- 两拳距离不超过一个手长。

2）2 分标准（图 2-24）

- 两拳距离介于一个至一个半手长之间。

3）1 分标准（图 2-25）

- 两拳距离超过一个半手长。

（5）排除性测试——肩部碰撞测试：是肩部灵活性测试所特有的排除性测试，该测试不计入评分，主要用于观察肩部疼痛症状（图 2-26）。如果受试者在该排除性测试中感觉到疼痛，则在评分表上记录为阳性（+），同时将整个肩部灵活性测试的评分计为 0 分。该测试需要受试者两侧都进行。具体方法如下：

肩部灵活性3分标准视频

肩部灵活性2分标准视频

图 2-23　肩部灵活性 3 分标准

图 2-24　肩部灵活性 2 分标准

肩部灵活性1分标准视频

肩部碰撞测试视频

图 2-25　肩部灵活性 1 分标准

图 2-26　肩部碰撞测试

①受试者两足并拢，直立站姿，双臂自然下垂。②右手手掌放在左肩前部。③保持右手手掌位置不动，将右肘尽可能高地向上抬起，观察受试者是否存在疼痛。④然后换对侧进行测试。

5. 主动直膝抬腿

主动直膝抬腿可以测试在躯干保持稳定的情况下，下肢充分分离的能力。通过测试可以评价在盆骨保持稳定、对侧腿主动上抬时，腘绳肌与小腿三头肌的柔韧性。若要较好地完成这一动作，需要受试者的腘绳肌具备良好的主动柔韧性，同时也需要良好的对侧腿髋关节灵活性以及下腹部肌肉的稳定性。

（1）测试方法：①受试者仰卧于垫子上，头部自然平放，两臂置于身体两侧，掌心朝上。两腿呈中立位，足掌垂直于地面，并将测试板置于膝下。②将横杆置于髂前上棘与膝关节线连线的中点，且垂直于地面。然后，让受试者抬起一侧腿，同时保持该侧下肢的踝、膝关节初始姿势不变。③移动腿上抬至最高点时，保持不动，同时非活动腿需保持中立位，足掌垂直于地面，且膝关节未离开测试板。此时，观察移动腿的内外踝垂线是否超过横杆，若超过，则记 3 分；若未超过，则将横杆移至膝关节线位置处，再次观察移动腿的内外踝垂线是否超过横杆，若超过，则记 2 分，否则，记 1 分。如果测试过程中，受试者出现疼痛，则评分为 0 分。④完成两侧测试，每侧最多 3 次机会。

（2）测试口令：测试人员可按照以下口令指导受试者完成测试。需要注意：口令仅用于指导受试者完成测试，而非教授动作，如果有必要，只重复下达口令。此外，如果受试者出现疼痛应予以记录。

①仰卧，双膝后方压在测试板上，足尖朝上。②两臂置于身体两侧，掌心朝上。③两足呈中立位并拢姿势。④受试腿保持平直，另一条腿的膝盖始终与测试板接触，然后尽可能高地抬起受试腿。⑤您听明白这些口令了吗？

（3）注意事项：①评分时，左、右侧以抬起腿的左、右为准。②如果膝关节线难以确认，可通过屈伸膝关节加以辨别。③确保非移动的下肢保持中立位，且膝关节紧贴测试板。④左右两侧均要测试。⑤如果有必要，受试者有 3 次机会完成测试动作。⑥如果受试者在测试过程中出现疼痛，则该项测试评分为 0 分，并交由专业医疗人员进行全面评估。

（4）评分标准

1）3 分标准（图 2-27）

主动直膝抬腿3分标准视频

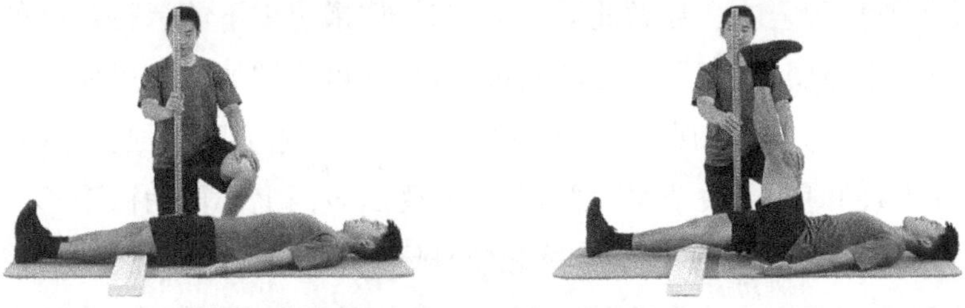

图 2-27　主动直膝抬腿 3 分标准

- 内外踝垂线落在大腿中部和髂前上棘之间。
- 非移动腿保持中立位，膝关节紧贴测试板。

2）2 分标准（图 2-28）

主动直膝抬腿2分标准视频

图 2-28　主动直膝抬腿 2 分标准

● 内外踝垂线落在大腿中部和膝关节线之间。

● 非移动腿保持中立位，膝关节紧贴测试板。

3) 1 分标准(图 2-29)

主动直膝抬腿 1 分标准视频

图 2-29 主动直膝抬腿 1 分标准

● 内外踝垂线落在膝关节线以下。

● 非移动腿保持中立位，膝关节紧贴测试板。

6. 躯干稳定俯卧撑

躯干稳定俯卧撑可以评价上肢进行闭合运动时，脊柱在水平面、矢状面上维持稳定的能力。若想较好地完成这一动作，受试者需要在上肢进行对称性动作时，保持躯干在矢状面上的对称稳定性。人体在完成很多动作时都需要躯干保持稳定以均衡地将力量从上肢传至下肢，或从下肢传到上肢。在做此类的动作时，如果躯干不能保持足够的稳定性，力量就会在传递的过程中减弱，从而导致运动表现不佳，并可能增加损伤风险。

(1) 测试方法：①受试者俯卧，两足尖着地，两前臂稍宽于肩撑地。②两手拇指与额头保持在一条直线上，同时双膝关节尽力伸直；女性受试者两上臂可稍微下移，使两手拇指与下颌保持在一条直线上。③受试者向上撑起使身体整体抬起，完成动作全过程腰部不可晃动，保持腰椎自然伸直姿势。④男性受试者如果不能从起始姿势完成此动作，可以将上臂下移使双手拇指与下颌保持在一条直线上，再完成一次动作；如果女性受试者不能从起始姿势完成此动作，可以将上臂下移使两手拇指与锁骨保持在一条直线上，再完成一次撑起动作。

(2) 测试口令：测试人员可按照以下口令指导受试者完成测试。需要注意：口令仅用于指导受试者完成测试，而非教授动作，如果有必要，只重复下达口令。此外，如果受试者出现疼痛应予以记录。

①俯卧，面部朝下，两臂伸过头顶，两手与肩同宽(拇指末端与肩锁关节齐平)。②两手下移，使拇指与额头(男性)或下颌(女性)齐平。③两足并拢，勾起足尖，两膝和肘关节抬离地面。④保持躯干平直，双臂用力以俯卧撑动作将身体整体推起。⑤您听明白这些口令了吗？

(3) 注意事项：①受试者须将身体整体推起。②确保受试者每次完成动作时手部姿势不变，准备撑起时双手没有向下移动。③确保胸部和腹部同时离地。④如果有必要，受试者有 3 次机会完成测试动作。⑤如果受试者连续 3 次均未能完成某一得分标准下的动作，则调整双手位置，重复上述指令。⑥该测试完成后，需进行排除性测试。⑦如果受试者在测试过程中出现疼痛，则该项测试评分为 0 分，并交由专业医疗人员进行全面评估。

(4) 评分标准

1) 3 分标准(图 2-30)

躯干稳定俯卧撑 3 分标准视频

女性标准

图 2-30 躯干稳定俯卧撑 3 分标准

- 男性受试者完成拇指与头顶齐平姿势的一次动作。
- 女性受试者完成拇指与下颌齐平姿势的一次动作。
- 受试者将身体整体推起，躯干未发生弯曲。

2) 2 分标准(图 2-31)

躯干稳定俯卧撑 2 分标准视频

女性标准

图 2-31 躯干稳定俯卧撑 2 分标准

- 男性受试者完成拇指与下颌齐平姿势的一次动作。
- 女性受试者完成拇指与锁骨齐平姿势的一次动作。

● 受试者将身体整体推起，躯干未发生弯曲。

3）1 分标准(图 2-32)

躯干稳定俯卧撑 1 分标准视频

男性标准

女性标准

图 2-32　躯干稳定俯卧撑 1 分标准

● 男性受试者无法完成拇指与下颌齐平姿势的一次动作。

● 女性受试者无法完成拇指与锁骨齐平姿势的一次动作。

（5）排除性测试——伏地起身测试：作为躯干稳定俯卧撑测试的排除性测试，伏地起身测试不评分，执行该动作主要是为了观察疼痛反应(图 2-33)。如果受试者产生疼痛，则在评分表上记录为阳性(+)，同时整个躯干稳定俯卧撑测试的评分计为 0 分。具体方法如下：①俯卧，两手置于肩膀正下方，掌心朝下。②身体髂前上棘以下部位保持不动，两肘慢慢伸直，尽力使胸部远离地面。③询问受试者是否有疼痛。

伏地起身测试视频

图 2-33　伏地起身测试

7．躯干旋转稳定性

躯干旋转稳定性测试需要受试者有良好的神经肌肉协调能力，以及将力量从身体的某一部分传递到另一部分的能力。该测试可以评价上下肢同时进行运动，躯干在多个维度上的稳定性。完成这一动作时(受试者上下肢同时进行对称动作时)，受试者的躯干需要在矢状面和水平面上拥有良好的对称稳定性。许多功能性动作都需要躯干保持稳定以均衡地将力量从下肢传至上肢，或从上肢传到下肢。如果躯干在进行此类活动时不能保持足够的稳定性，力量就会在传递的过程中减弱，从而降低运动表现，并增加损伤风险。

（1）测试方法：①受试者肩与躯干垂直，髋关节和膝关节屈曲 90°，大腿与躯干垂直，足背屈；腰椎保持自然伸直姿势。②测试板放在手与膝之间，使两手拇指、两膝、两足拇趾都可以触到板。③受试者向后抬起一侧手臂，同时屈曲同侧髋关节、膝关节，并用手触摸该侧足的踝关节；随后，向前伸展手臂、向后伸展腿部，直至手臂、腿部与地面平行；然后，将手臂、腿收回，再次用手触摸同侧踝；最后，还原至起始姿势。整个过程中，上下肢须与测试板的边缘保持在同一平面内，躯干保持在与测试板平行的水平面内，并保持腰椎自然伸直姿势。④受试者可以尝试 3 次来完成测试动作。⑤如果受试者不能完成 3 分动作，则以同时上抬对侧肢体的方式(成对角线)完成测试动作(肘膝相触)。⑥受试者完成一侧肢体测试后换用对侧肢体完成相同测试动作,记录最低得分。

(2) 测试口令:测试人员可按照以下口令指导受试者完成测试。需要注意:口令仅用于指导受试者完成测试,而非教授动作,如果有必要,只重复下达口令。此外,如果受试者出现疼痛应予以记录。

①两手两足横跨测试板,两手、两膝分别置于两肩、两髋正下方,使髋、膝关节均成 90°。②两手拇指、两膝、两足拇趾紧贴测试板侧面,并勾起足尖。③将右手臂向后抬起,同时屈曲右腿,右手触摸右踝,随后将右手向前伸展,将右腿向后伸展,呈飞行状。④再次将右手臂向后伸展,屈曲右腿,右手触摸右踝。⑤恢复至起始姿势。⑥您听明白这些口令了吗?

(3) 注意事项:①若受试者无法完成同侧肢体动作,则指示受试者完成一次异侧肢体动作,以观察是否达到 2 分标准。②评分时,左、右侧以活动的上肢左、右侧为准。③同侧肢体在测试板上方手与踝相触后,方可评为 3 分。④异侧肢体在测试板上方肘膝相触后,方可评为 2 分。⑤确保动作开始时脊柱平直,髋、膝关节成 90°。⑥左右两侧的动作均须测试。⑦如果受试者在测试过程中出现疼痛,则该项测试评分为 0 分,并交由专业医疗人员进行全面评估。

(4) 评分标准

1) 3 分标准(图 2-34)

躯干旋转稳定性 3 分标准视频

图 2-34 躯干旋转稳定性 3 分标准

- 正确完成一次同侧动作。
- 同侧肢体在测试板上方手与踝相触。

2) 2 分标准(图 2-35)

躯干旋转稳定性 2 分标准视频

图 2-35 躯干旋转稳定性 2 分标准

- 正确完成一次异侧动作。
- 异侧肢体在测试板上方肘膝相触。

3）1 分标准(图 2-36)

躯干旋转稳定性 1 分标准视频

图 2-36　躯干旋转稳定性 1 分标准

● 无法完成异侧动作。

(5) 排除性测试——跪姿下腰伸展测试：用来检测脊柱的屈曲活动度，该测试动作不评分，执行该动作主要是为了观察疼痛反应(图 2-37)。如果受试者产生疼痛，则在评分表上记录为阳性(+)，同时整个躯干旋转稳定性测试的评分计为 0 分。具体方法如下：①六点支撑，将臀部向足跟靠拢。②胸部逐渐贴近大腿，同时两手尽可能远地向身体前方伸够。③询问受试者是否感到疼痛。

跪姿下腰伸展测试视频

图 2-37　跪姿下腰伸展测试

(三) 功能动作筛查评分表

功能动作筛查评分表见表 2-10。

表 2-10　功能动作筛查评分表

姓名		出生日期	
身高		体重	
年龄		性别	
损伤			
优势手		优势腿	
备注			
测试	原始得分	最后得分	评价
1. 深蹲			

续 表

测试		原始得分	最后得分	评价
2. 跨栏架步	左			
	右			
3. 直线弓箭步	左			
	右			
4. 肩部灵活性	左			
	右			
肩部碰撞排除性测试（+/-）	左			
	右			
5. 主动直膝抬腿	左			
	右			
6. 躯干稳定俯卧撑				
伏地起身排除性测试（+/-）				
7. 躯干旋转稳定性	左			
	右			
跪姿下腰伸展排除性测试（+/-）				
总计				

备注：原始得分表示左右侧的得分；最后得分表示该测试动作的总分。左右侧原始得分取最低得分作为此动作的最后得分，如跨栏架步左侧得 3 分，右侧得 2 分，则该动作的最后得分为 2 分。“总计”即为各测试动作最后得分之和。

（四）功能动作筛查评价标准

根据 7 项基本动作模式和 3 项排除性测试的测试结果计算功能动作筛查的总分，并基于总分进行评价。大量研究表明，功能动作筛查得分低于 14 分就会有较大的损伤风险，因而将功能动作筛查损伤预测临界值定为 14 分。

二、关节活动度测评

人体的各种运动是由关节的运动构成的，而关节的运动范围称为关节活动度。健康的人在做动作时，会根据情况调整关节的运动状态，使关节承受的负荷最小。对于长站久坐人群而言，长期特定的姿势会使某些关节的活动度受限，给日常生活运动造成不便，甚至导致损伤的发生。因此，为了解长站久坐人群的关节活动度特点，明确关节活动受限的原因，制订关节活动度改善方案，避免损伤发生，提高生活质量，可对其各个关节的活动度进行测评。人体的大部分运动是基于脊柱、髋关节和肩关节完成的，因此本部分主要对此开展测评。

(一) 颈椎活动度

颈椎位于较为固定的胸椎和头骨之间，在承重的情况下既要经常活动，又要保持头部的平衡，颈椎椎体在脊柱中的体积最小，但活动度最大，容易产生劳损。

1. 测量器材

关节角度尺。

2. 测量方法(图 2-38)

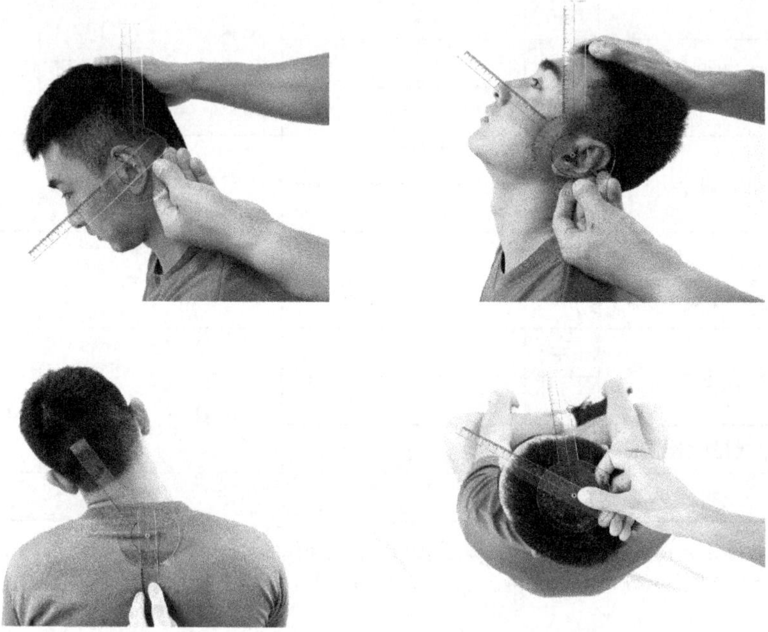

图 2-38 颈椎屈曲、伸展、侧屈、旋转的关节活动度测量方法

(1) 屈曲

1) 受试者体位为坐位，胸腰椎紧靠在椅背上，颈椎无旋转及侧屈。

2) 关节角度尺摆放

- 固定臂：与地面垂直。
- 移动臂：外耳道与鼻尖的连线。
- 轴心：两臂交点。

3) 运动方式：矢状面运动。测试人员右手将受试者头后部向前下方按压，左手扶持受试者下颌向胸部按压，同时控制其胸部，防止胸腰椎的屈曲。待稳定后，采用关节角度尺进行测量。

4) 参考值范围：0°～45°。

5) 可能出现并应避免的代偿运动：胸腰椎屈曲。

（2）伸展

1）受试者体位为坐位，胸腰椎紧靠在椅背上，颈椎无旋转及侧屈。

2）关节角度尺摆放

● 固定臂：与地面垂直。

● 移动臂：外耳道与鼻尖的连线。

● 轴心：两臂交点。

3）运动方式：矢状面运动。测试人员左手扶持受试者下颌部，右手扶持头后部，防止颈椎的旋转与侧屈。胸腰椎紧靠椅背，防止出现伸展的代偿动作。待稳定后，采用关节角度尺进行测量。

4）参考值范围：0°～45°。

5）可能出现并应避免的代偿运动：胸腰椎伸展。

（3）侧屈

1）受试者体位为坐位，胸腰椎紧贴椅背，颈椎无屈曲、伸展及旋转。

2）关节角度尺摆放

● 固定臂：沿胸椎棘突与地面垂直。

● 移动臂：以枕外隆突为标志点与头后部中线一致。

● 轴心：与第 7 颈椎棘突一致。

3）运动方式：冠状面运动。固定受试者肩胛骨，防止胸腰椎侧屈。

4）参考值范围：0°～45°。

5）可能出现并应避免的代偿运动：胸腰椎侧屈。

（4）旋转

1）受试者体位为坐位、胸腰椎紧靠椅背，颈椎无屈曲、伸展及侧屈。

2）关节角度尺摆放

● 固定臂：与两侧肩峰连线垂直。

● 移动臂：头顶与鼻尖连线一致。

● 轴心：头顶中心点。

3）运动方式：在水平面上，以垂直轴为轴进行运动。固定肩胛骨防止躯干旋转。

4）参考值范围：0°～60°。

5）可能出现并应避免的代偿运动：躯干旋转。

（二）胸腰椎活动度

脊椎灵活性好，稳定性差，成年人的椎间盘随年龄增长可逐年发生退行性变化。当纤维环破裂时，髓核易向后外侧脱出，并突入椎管或椎间孔，压迫相邻的脊髓或神经根引起牵涉性疼痛，临床称为椎间盘突出症。脊柱运动时，椎间盘发生变形，髓核的位置会发生改变。如脊柱前屈时，椎间盘前部受压，髓核被挤向后方；后伸时挤向前方；侧屈时挤向对侧。因此长站久坐人群在站立或坐姿时，需保持正确的腰部姿势，以防椎间盘突出。

1. 测量器材

关节角度尺或皮尺。

2. 测量方法

（1）屈曲

1）受试者体位为坐位，胸腰椎无屈曲及旋转。

2）关节角度尺摆放

- 固定臂：通过第 5 腰椎棘突且与地面垂直的垂直线。
- 移动臂：第 7 颈椎棘突与第 5 腰椎棘突连线的平行线。
- 轴心：第 5 腰椎棘突。

3）运动方式：矢状面运动。测试时应注意固定骨盆，防止髋关节屈曲。此外，也可测量第 7 颈椎到第 5 腰椎之间直立位与屈曲位距离的差值(图 2-39)。

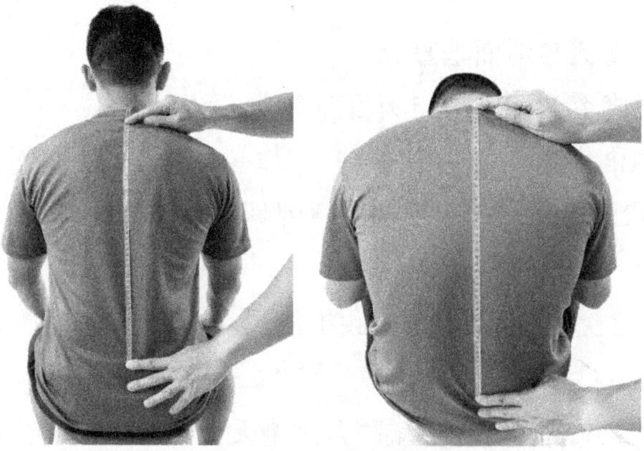

图 2-39　腰椎屈曲活动度的皮尺测量方法

4）参考值范围：0°～80°，或差值约 10 cm。

（2）伸展

1）受试者体位为坐位，胸腰椎无屈曲及旋转。

2）关节角度尺摆放

- 固定臂：通过第 5 腰椎棘突的垂直线。
- 移动臂：第 7 颈椎棘突与第 5 腰椎棘突连线的平行线。
- 轴心：第 5 腰椎棘突。

3）运动方式：矢状面运动。测量时应注意固定骨盆，防止骨盆后倾。

4）参考值范围：0°～30°。

5）可能出现并应避免的代偿运动：骨盆后倾。

(3) 侧屈(图 2-40)

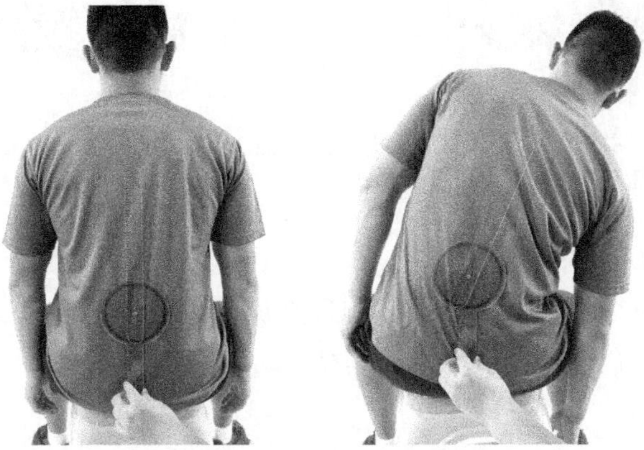

图 2-40　胸腰椎侧屈活动度测量方法

1) 受试者体位为坐位,颈椎、胸椎、腰椎无屈曲、伸展及旋转。

2) 关节角度尺摆放

- 固定臂:髂嵴连线中点的垂直线。
- 移动臂:第 7 颈椎棘突与第 5 腰椎棘突连线。
- 轴心:第 5 腰椎棘突。

3) 运动方式:冠状面运动。测量时应固定骨盆,防止向侧方倾斜。

4) 参考值范围:0°～35°。

5) 可能出现并应避免的代偿运动:骨盆侧倾。

(三) 髋关节活动度

走路、跑步、下蹲、跳跃落地等下肢主导发力的动作都需要有标准的下肢力线(通过髋、膝、踝三个关节中心的轴线)作为基础和前提。如果下肢力线发生异常,则容易导致膝关节疼痛乃至损伤。引起下肢力线异常的原因众多,其中尤以膝关节内扣较为常见。而髋关节活动度不足则是一个非常重要但容易被大多数人所忽视的膝关节内扣原因。久坐人群由于长期坐姿,会导致屈髋肌群紧张,进而使得髋关节活动受限,并引发膝关节疼痛。为此,可针对该类人群展开髋关节活动度测评。

1. 测试方法

(1) 平躺在地面,双腿并拢。

(2) 将被测试腿的脚踝外侧自然搭在对侧伸直腿的膝关节上方,完全放松后观察小腿高度(切记不要刻意用力下压被测试腿的膝盖)。

2. 评价方法

(1) 若被测试腿的小腿完全平行于地面,则说明髋关节外展外旋活动度正常(图 2-41)。

(2) 若被测试腿的膝关节明显高于踝关节,说明髋关节外展外旋活动度不足(图 2-42)。

图 2-41 髋关节活动度测试(标准活动度:小腿平行于地面)

图 2-42 髋关节活动度测试(髋关节活动受限:膝盖高于踝关节)

(四) 肩关节外旋活动度

肩关节外旋灵活性较差时,可能会影响日常训练中的引体向上、高位下拉、肩部上推、举重等动作,容易导致肩关节各类损伤,如肩峰撞击综合征。

1. 测试方法

(1) 平躺于地面上,屈膝屈髋,大臂外展 90°,并屈肘 90°。

(2) 然后受重力作用缓慢下放小臂(切记不要刻意发力向下压小臂)。当感受到肩关节卡顿时停止下放,此时小臂的位置就是肩关节外旋的最大活动度(图 2-43)。

2. 评价方法

(1) 若小臂可完全平放于地面上,则说明肩关节外旋活动度正常。

(2) 若小臂无法完全平放于地面上,则说明肩关节外旋活动度不足。

图 2-43 肩关节外旋活动度

第三节 基础体能测评

基础体能为包括力量、速度、耐力、灵敏、柔韧、平衡和协调等特征在内的基本身体运动能力,是专业运动员、大众人群训练内容的重要组成。通过开展基础体能测评,可以系统掌握不同人群的基础体能状况,这对其运动损伤的预防、运动表现的提升、生活质量的提升具有重要意义。根据长站久坐人群的特点,本节主要从力量素质、速度素质、耐力素质、灵敏素质、柔韧素质和平衡能力这 6 个方面对其进行基础体能的测试与评估。

一、力量素质测评

力量素质是指人体神经肌肉系统在工作时克服或对抗阻力的能力,它是保证人体完成各种简单或复杂运动的首要素质，对于速度素质、耐力素质、灵敏素质等的发展起着重要的作用。

(一) 握力测试

反映人体前臂和手部的肌肉力量。

1. 测试器材

指针式握力计或电子握力计。

2. 测试方法

(1) 测试时，受试者转动握力计的握距调节钮，调整至适宜握距。

(2) 优势手持握力计，身体直立，两足自然分开(与肩同宽)，两臂自然下垂。

(3) 开始测试时，用最大力紧握上下两个握柄。以“千克”为单位记录测试结果，测试2次，取最大值。

3. 注意事项

用力时，禁止摆臂、下蹲或将握力计接触身体；如果受试者分不出优势手，则双手各测试2次，并取最大值。

4. 评价标准(表2-11)

表2-11 优势手握力测试评价表

单位：kg

性别	等级	20～29岁	30～39岁	40～49岁	50～59岁	60～69岁
男	优秀	>54	>53	>51	>49	>49
	良好	51～54	50～53	48～51	46～49	46～49
	中等	43～50	43～49	41～47	39～45	39～45
	一般	39～42	39～42	37～40	35～38	35～38
	差	<39	<39	<37	<35	<35
女	优秀	>36	>36	>35	>33	>33
	良好	33～36	34～36	33～35	31～33	31～33
	中等	26～32	28～33	27～32	25～30	25～30
	一般	22～25	25～27	24～26	22～24	22～24
	差	<22	<25	<24	<22	<22

(二) 俯卧撑至力竭测试

反映人体上肢力量耐力。

1. 测试器材

瑜伽垫。

2. 测试方法

(1) 受试者俯卧位趴在瑜伽垫上，双手、双足支撑于瑜伽垫。双手与肩同宽，并位于肩膀正下方，手指指向前方；双足并拢。躯干与下肢保持一条直线。

(2) 身体呈直线向上推起，直至手臂完全伸直。

(3) 屈肘将身体重心降低，直至肘关节为90°。同时，上臂与身体的夹角为45°～60°，身体保持一条直线。

(4) 再次伸直手臂，将身体推起。

(5) 以一个舒适的速度(20～30次/分)继续完成动作直到不能再做出符合标准的动作为止。

(6) 每当受试者到达推起位置时，计数1个。

(7) 以“个”为单位记录测试结果。

3. 注意事项

下降时，肘关节需成90°，推起时，手臂需伸直。

4. 评价标准(表2-12)

表2-12 俯卧撑至力竭测试评价表 单位:个

性别	等级	20～29岁	30～39岁	40～49岁	50～59岁	60～69岁
男	优秀	≥36	≥30	≥24	≥21	≥18
	良好	29～35	22～29	17～23	13～20	11～17
	中等	22～28	17～21	13～16	10～12	8～10
	一般	17～21	12～16	10～12	7～9	5～7
	差	≤16	≤11	≤9	≤6	≤4
女	优秀	≥30	≥27	≥24	≥21	≥17
	良好	21～29	20～26	15～23	11～20	12～16
	中等	15～20	13～19	11～14	7～10	5～11
	一般	10～14	8～12	5～10	2～6	2～4
	差	≤9	≤7	≤4	≤1	≤1

(三) 引体向上测试

评估人体手臂抓握力及上肢拉力，并能有效反映上肢肩带力量及上背部力量。

1. 测试器材

单杠。

2. 测试方法

(1) 受试者站在单杠正下方，举起双手，正手握杠(掌心朝前)，双手间距与肩同宽(或略比肩宽)。

(2) 手臂伸直，将身体悬挂在杠上，并保持静止悬挂姿势。

(3) 随后，保持躯干和下肢姿势不变，肩胛骨向下回旋，屈肘将胸部拉向单杠，直至胸部触杠或下颏过杠。

(4) 从顶部姿势开始下降，直至双臂完全伸直，还原至起始姿势，即为完成1个。

（5）以“个”为单位记录测试结果。

3．注意事项

身体悬挂在杠上时，手臂伸直，肘关节不可稍稍弯曲。在引体向上过程中，保持躯干挺直，核心收紧，并且不可借助身体的摆动将身体拉起。

4．评价标准（表 2-13）

表 2-13　引体向上测试评价表　　单位：个

	差	一般	中等	良好	优秀
个数	0～4	5～7	8～11	12～14	≥15

（四）仰卧起坐测试

评价人体腹肌力量及持续工作能力。

1．测量器材

瑜伽垫。

2．测试方法

（1）测试开始前，受试者仰卧在瑜伽垫上，两足并拢，屈髋屈膝，膝关节保持 90°，两臂交叉抱于胸前，双手扶肩。

（2）躯干前屈时，收缩腹部肌群使躯干完成起坐的动作，双侧肘关节同时触及膝部。

（3）随后躯干后仰，双肩与背部触及地面，还原至起始姿势，即为完成 1 个。

（4）以“个”为单位记录测试结果。

3．注意事项

在测试过程中，受试者如果借用臀部上挺后下压的力量完成该测试动作，或者仰卧时两侧肩胛骨没有触及地面，或者双侧肘关节没有触及两膝，该次仰卧起坐则无效；受试者的两足必须始终踩在瑜伽垫上。

4．评价标准（表 2-14）

表 2-14　仰卧起坐测试评价表

性别	等级（%）	18～25 岁（个）	26～35 岁（个）	36～45 岁（个）	46～55 岁（个）	56～65 岁（个）	>65 岁（个）
男	90	77	62	61	60	56	50
	80	66	56	53	52	49	40
	70	57	52	51	46	45	35
	60	52	44	44	43	41	31
	50	46	39	38	36	36	27
	40	41	36	33	32	32	24
	30	37	33	29	29	28	22

续 表

性别	等级(%)	18～25岁(个)	26～35岁(个)	36～45岁(个)	46～55岁(个)	56～65岁(个)	>65岁(个)
男	20	33	30	25	24	24	19
	10	27	21	21	20	16	12
女	90	68	54	54	48	44	34
	80	61	46	44	40	38	32
	70	57	41	38	36	32	29
	60	51	37	35	33	27	26
	50	44	34	31	31	24	22
	40	38	32	28	28	22	20
	30	34	28	25	23	18	16
	20	32	24	20	21	12	11
	10	25	20	16	13	9	8

（五）腰背肌耐力测试

评价人体背肌耐力及持续收缩能力。

1．测试器材

秒表、木箱。

2．测试方法

(1) 受试者俯卧在木箱上，两腿并拢伸直，髂前上棘置于木箱边缘，测试人员坐在受试者小腿上以固定其下肢。

(2) 受试者双手交叉抱于胸前，随后抬起躯干，使躯干悬空并平行于地面。

(3) 记录受试者保持身体位置的时间，直至力竭，无法继续坚持，即可停止测试。测试期间，如果身体不能保持与地面平行时，进行一次提醒，如果仍然无法达到要求，即停止测试。

(4) 以“秒”为单位记录测试结果，精确到小数点后2位(图2-44)。

图 2-44 腰背肌耐力测试

3．注意事项

测试时，当受试者的躯干上下起伏幅度超过30°时即停止测试；测试人员做好保护，防止受伤。

4．评价标准(表2-15)

表 2-15 腰背肌耐力测试评分标准

单位：秒

	差	一般	中等	良好	优秀
时间	<30	30～59	60～89	90～119	≥120

二、速度素质测评

速度素质是指人体快速运动的能力，包括反应、动作及移动速度。对于办公室白领、车间流水线工人而言，常常需要快速操作鼠标键盘、挑选货品，因此需要具备良好的反应速度，以便对各种信号刺激（声、光等信号）做出快速应答。通常采用选择反应时来对反应速度进行测评。

选择反应时测试

反映人体神经与肌肉系统的协调性和快速反应能力，同时也是评价人体生长发育水平和体质状况的一项常用功能指标。

1. 测试器材

选择反应时测试仪（图 2-45）。

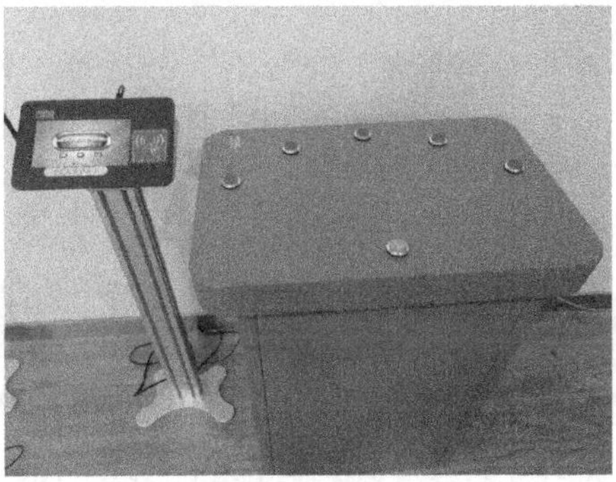

图 2-45 选择反应时测试仪

2. 测试方法

(1) 测试时，受试者优势手中指按住“启动键”，等待信号发出，当任意信号键发出信号时（声、光同时发出），以最快速度去按该键。

(2) 信号消失后，优势手中指再次按住“启动键”，等待下一个信号发出，共有 5 次信号。

(3) 受试者完成第 5 次信号应答后，所有信号键都会同时发出光和声，表示测试结束。

(4) 测试 2 次，取最好成绩。

3. 注意事项

测试时，受试者不得用力拍击信号键。

三、耐力素质测评

耐力素质是指人体坚持长时间工作、克服工作过程中产生疲劳的能力，主要包括有氧和无氧耐力。对于长站久坐人群而言，有氧耐力更为重要，因为它与心肺功能的关系极为密切,可代表心肺功能的水平。良好的心肺功能能够为机体各器官源源不断地输入新鲜的氧气和营养物质,并快速清除二氧化碳等代谢产物,这对于保持机体活力、提高工作效率极为重要。有氧耐力的测试指标众多,其中 3 000 米计时跑最为常用。

3 000 米计时跑

1. 场地器材

秒表,标准田径场。

2. 测试方法

受试者以最快速度完成 3 000 m 距离的跑步(标准 400 m 田径场跑 7.5 圈),记录完成的时间以"分、秒"(如 12 分 20 秒)为单位记录测试结果,并精确到秒。

3. 注意事项

受试者需要进行充分的热身。

4. 评价标准

对于 3 000 米计时跑的评价,不同的人群有不同的标准。例如,对于普通男大学生而言,14 分 40 秒及格,12 分 20 秒优秀;对于军人而言,在 3 000 m 以下的海拔,男兵 13 分 40 秒及格,女兵 17 分及格。

四、灵敏素质测评

灵敏素质是指在各种突然变换的条件下,人体能够迅速、准确、协调地改变身体运动空间位置和运动方向,以适应变化着的外界环境的能力。它不仅与年龄、性别、疲劳和神经类型有关,而且与力量、速度等素质密切相关,因而它也是一项内容复杂的综合身体素质。

(一) T-测试

1. 场地器材

标志桶(4 个)、皮尺、秒表。用标志桶在平地上摆出"T"字形状,标志桶 A 在"T"字形的底部,作为起点及终点;将标志桶 B 放置在与标志桶 A 相距 9.14 m 的位置处,即"T"字形顶端的中间位置;将标志桶 C 放置在标志桶 B 左侧,标志桶 D 放置在标志桶 B 右侧,均与标志桶 B 相距 4.57 m。

2. 测试方法

(1) 受试者采用高姿起跑方式站在起点位置处,即标志桶 A 处,面朝跑动方向。

(2) 受试者听到"开始"的口令后,首先跑至 B 点,并用右手触摸标志桶 B。随后,向左侧滑步至 C 点,并用左手触摸标志桶 C。然后,向右侧滑步至 D 点,并用右手触摸标志桶 D。最后,再向左侧滑至 B 点,用左手触摸标志桶 B 后,倒退跑至 A 点。

(3) 当受试者倒退跑至 A 点时停止计时。

(4) 以"秒"为单位记录测试结果,并精确到小数点后 1 位。

3. 注意事项

在测试过程中，受试者始终面朝前；在侧滑步时，不能采用交叉步的方式；从C点侧滑至D点时，身体不能触碰到标志桶B。

(二) 六边形跳跃测试

六边形跳跃测试是评估人体步法的灵敏测试，其简单易学、便于操作、占地较小，因而非常适合长站久坐人群。

1. 场地器材

平地、皮尺、秒表、胶带。用胶带在平地上标记出一个边长为60 cm的正六边形。

2. 测试方法

(1) 受试者直立站在六边形的中点(可用胶带标记)，面向前方。

(2) 受试者采用双足跳的方式，先向正前方跳出六边形的一条边，并再跳回中点。随后按照该方式，沿顺时针方向逐个边跳跃，连续跳3圈。

(3) 在整个跳跃过程，受试者始终面朝一个方向(正前方)；跳跃时不能踩在六边形的边线上或失去平衡。如果出现上述问题，则应停止跳跃并重新开始。

(4) 在受试者开始向前跳跃时计时，在受试者最后一跳并跳回至中点时停止计时(图2-46)。

(5) 以"秒"为单位记录测试结果，并精确到小数点后1位(图2-46)。

3. 注意事项

跳跃过程中，双足不可踩线，否则停止计时；每次跳回六边形内时，都要踩在六边形的中央位置处；整个过程，受试者面朝一个方向(正前方)。

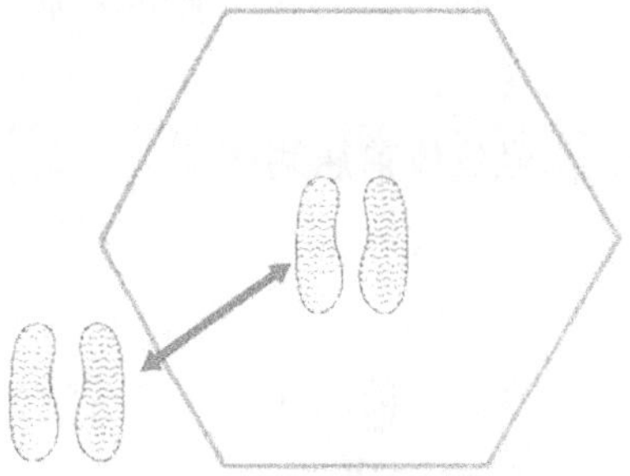

图2-46 六边形跳跃测试

(三) 30米×2蛇形跑测试

1. 场地器材

标准田径场、标志杆、秒表。在标准田径场的跑道上，画两条间隔30 m的平行线，作为测试的起终点线和折返线。同时，在左右间隔2.5 m、前后间隔5 m的跑道分道线上放置标志杆，共放置7根标志杆。

2. 测试方法

(1) 受试者双足站立在第一根标志杆左侧的起点线后。

(2) 当听到"预备"信号后，做好站立式起跑动作。

(3) 当听到"跑"信号后，测试人员开始计时。同时，受试者跑向第二根标志杆，并从外侧绕过标志杆，依次绕杆至最后一根标志杆后折返，按原路返回至终(起)点线，同时计时结束。

（4）测试2次，取最佳值。

（5）以“秒”为单位记录测试结果，精确到小数点后1位。

3．注意事项

测试前应充分热身。

4．评价标准（表2-16）

表2-16　30米×2蛇形跑评价表　单位：秒

性别	9分	9.8分	10.5分	11.3分	12分	12.8分	13.5分	14.3分	15分
男	≥20.4	20.3～20.1	20.0～19.9	19.8～19.7	19.6～19.5	19.4～19.2	19.1～19.0	18.9～18.7	≤18.6
女	≥22.2	22.1～21.9	21.8～21.7	21.6	21.5～21.3	21.2～21.1	21.0～20.9	20.8～20.4	≤20.3

五、柔韧素质测评

柔韧素质是指人体关节在不同方向上的运动能力以及肌肉、韧带等软组织的伸展能力。良好的柔韧素质能够保障力量素质、速度素质的充分发挥，并对于损伤的预防具有重要的意义。

坐位体前屈测试

反映人体躯干和下肢各关节可能达到的活动幅度，以及下肢肌群、韧带的伸展性和弹性。

1．测试器材

坐位体前屈测量仪、瑜伽垫。

2．测试方法

（1）受试者坐在瑜伽垫上，两腿伸直，足跟并拢，足尖自然分开，全足掌踩在测量仪平板上。

（2）两手伸直，手指并拢，掌心朝下，双臂并拢前伸，躯干尽量前屈，用两手中指指尖推动标尺上的游标平滑前移，直至不能移动为止。

（3）测试2次，取最大值。

（4）以“厘米”为单位记录测试结果，并精确到小数点后1位。

3．注意事项

测试前，受试者应做好准备活动，防止测试时造成软组织拉伤；测试时，膝关节不得弯曲；双手向前推游标时，动作应持续缓慢有控制，躯干不得有突然下压动作；记录时，应正确填写正负号。

六、平衡能力测评

平衡能力是指人体在运动或失去平衡时能够在大脑调控下通过视觉、本体感觉调节肌肉收缩而恢复平衡和保持平衡的能力。平衡能力可分为静态平衡能力和动态平衡能力，前者指人体在不运动的情况下维持身体特定姿势稳定的能力；后者指人体在地面或者空中进行运动的情况下，身体仍然保持各环节稳定的能力。良好的平衡能力可以防止意外摔倒的发生，这对于长站久坐人群而言至关重要。

（一）金鸡独立测试

反映人体在单腿支撑情况下的静态平衡能力。

1. 测试器材

秒表。

2. 测试方法

（1）受试者用优势腿站立，另一腿的脚置于支撑腿的膝关节处，双手叉腰。

（2）当听到“开始”信号后，尽量使自己身体保持不动，一直到不能坚持为止。如果出现下述三种情况中的任何一种，即为测试结束：①支撑腿足掌发生移动；②叉腰的双手离开叉腰的位置，用双臂来帮助维持平衡；③另一足离开支撑腿的膝关节。

（3）计算从开始到失去平衡之间的时间。

（4）以“秒”为单位记录测试结果，不计小数，共测试 2 次，取最佳值。

3. 注意事项

当非支撑足离开膝关节、支撑足移动或手离开腰时停表。

（二）闭眼单腿站立测试

反映人体的静态平衡能力，也可以评价受试者在不依赖视觉的情况下位置感觉和本体感觉的协调能力。

1. 测试器材

秒表。

2. 测试方法

（1）受试者光足站立，足尖朝前，两腿并拢，双手叉腰。

（2）当听到“开始”口令后，受试者闭眼，并采用优势腿支撑，另一腿屈膝提足，将小腿中部置于支撑腿膝关节位置处。

（3）计时从非支撑足离地开始到失去身体平衡为止。

（4）以“秒”为单位记录测试结果，不计小数，测试 2 次，取最佳成绩。

3. 注意事项

当非支撑足触地、支撑足移动或手离开腰时停表；在测试过程中，受试者不能睁眼；测试人员站在受试者的正面给予测试，并时刻注意保护。

4. 评价标准(表 2-17)

表 2-17 中国成年人和老年人闭眼单腿站立评分表

性别	年龄组(岁)	1分(个)	2分(个)	3分(个)	4分(个)	5分(个)
男	20～24	3～5	6～17	18～41	42～98	>98
	25～29	3～4	5～14	15～35	36～85	>85
	30～34	3～4	5～12	13～29	30～74	>74
	35～39	3	4～11	12～27	28～69	>69
	40～44	3	4～9	10～21	22～54	>54
	45～49	3	4～8	9～19	20～48	>48
	50～54	3～4	5～7	8～16	17～39	>39
	55～59	2	3～6	7～13	14～33	>33
女	20～24	3～5	6～15	16～36	37～90	>90
	25～29	3～5	6～14	15～32	33～84	>84
	30～34	3～4	5～12	13～28	29～72	>72
	35～39	3	4～9	10～23	24～62	>62
	40～44	3	4～7	8～18	19～45	>45
	45～49	2	3～6	7～15	16～39	>39
	50～54	2	3～5	6～13	14～33	>33
	55～59	2	3～5	6～10	11～26	>26

(三) 平衡木行走测试

主要反映人体动态平衡的能力。

1. 测试器材

高 30 cm、宽 10 cm、长 10 m 的平衡木,两端的起点线和终点线外各加一块与平衡木等高的 20 cm×20 cm 的平台,秒表。

2. 测试方法

(1) 受试者站在“起点线”后的平台上,面向平衡木,双臂侧平举。

(2) 当听到“开始”口令后,两足交替向“终点线”移动。

(3) 测试人员站在受试者的侧前方发令,当受试者启动时开始计时,并跟随受试者移动,当受试者的足尖超过“终点线”时停表。

(4) 以“秒”为单位记录测试结果,不计小数,测试 2 次,取最佳成绩。

3. 注意事项

中途落地者须重新测试;测试人员要注意保护受试者。

(四) 闭目原地踏步测试

主要反映人体动态平衡的能力。

1. 场地器材

秒表、标志带、节拍器,平地上一个直径为 40 cm 的圆圈。

2. 测试方法

(1) 受试者两足并拢,闭目站立在圆圈的中央。

(2) 当听到“开始”的口令后,以 120 步/分的频率原地踏步。

(3) 计时从踏步开始到足触线或跨出线外为止。

(4) 以“秒”为单位记录测试结果,不计小数,测试 2 次,取最佳成绩。

3. 注意事项

确保测试场地周围平坦无障碍物;测试人员要注意保护受试者。

七、第五次国民体质监测身体素质指标测试结果

我国历来重视国民体质的监测,基础体能测试是非常重要的一项内容。在经过上述有关基础体能的测试后,长站久坐人群可以与第五次国民体质监测基础体能各项指标进行对比,以间接反映自身的基础体能水平,并找出自身的优势和不足,并为进一步发展基础体能水平明确方向(表 2-18)。

表 2-18　第五次国民体质监测身体素质指标测试结果表

性别	年龄(岁)	握力(kg)	背力(kg)	纵跳(cm)	俯卧撑(男)/跪卧撑(女)	1 分钟仰卧起坐(个)	坐位体前屈(cm)	闭眼单腿站立(秒)	选择反应时(秒)
男	20～24	43.5	115.1	37.4	23.4	27.0	7.2	30.5	0.54
	25～29	44.4	116.5	36.2	21.8	25.6	5.8	28.4	0.54
	30～34	44.7	117.1	34.6	20.7	24.3	5.2	26.8	0.55
	35～39	44.1	115.7	33.1	19.8	23.1	4.8	24.7	0.56
	40～44	43.8	115.1	30.8	18.9	21.4	4.9	22.5	0.58
	45～49	43.1	114.2	29.2	17.6	19.8	4.7	19.4	0.59
	50～54	41.9	111.4	27.3	15.7	17.6	4.3	16.5	0.62
	55～59	40.2	106.7	25.6	14.0	15.7	3.6	14.8	0.64
女	20～24	26.6	63.6	25.1	18.6	22.3	11.1	32.4	0.57
	25～29	26.6	63.5	24.0	18.0	20.0	10.0	31.3	0.58
	30～34	27.0	65.0	23.1	18.2	18.5	9.1	29.2	0.59
	35～39	27.2	66.0	22.4	18.3	18.2	8.5	27.1	0.60
	40～44	27.3	66.8	21.4	18.0	17.2	8.8	25.4	0.62
	45～49	27.0	66.5	20.5	17.6	15.7	8.7	22.0	0.63
	50～54	26.0	64.8	19.4	16.4	13.4	8.8	18.2	0.65
	55～59	25.4	63.6	19.0	15.3	11.9	8.9	14.8	0.67

第四节　体能基础知识

对于长站久坐人群而言,想要科学地开展体能训练活动,就必须了解体能训练的基本

概念、主要特征、训练原则及注意事项，只有在充分掌握体能训练基础知识的基础上，才能设计符合自身需求的体能训练方案，选择自身喜欢的体能训练手段，并通过有效的训练实践，达到提高体能水平的目的。

一、体能概念

自从 20 世纪 50 年代美国健康体育娱乐协会首先使用体能这个概念以来，人们对它的理解有了不断的发展，从不同的角度提出了不同的定义。美国白宫体能委员会将体能界定为人在工作时表现积极、愉快而不感到疲乏，同时还有余力去从事个人所爱好的休闲活动，以及能应对突发事件的能力。从以上可以看出，体能或者体适能，主要指的是身体适应生活、活动与环境的综合能力，包括健康体能与运动体能。体能的概念自 20 世纪 80 年代引入我国以后，各学者对于体能的概念也存在着不同的界定，1996 年出版的《体育理论》认为体能是体质的一部分，是指人体各器官系统的功能在肌肉活动中表现出来的能力，包括身体素质和身体基本活动能力，如走、跑、跳、投、攀登、举起重物等能力。田麦久则认为体能是运动员先天具有的遗传素质与后天经训练形成的、在专项运动中所表现出来的机体持续运动的能力。广义上，体能包括身体形态、生理功能以及运动素质三个方面的内容，而狭义上运动员的体能水平主要通过运动素质表现出来。运动员的体能发展水平是由其身体形态、生理功能以及运动素质的发展状况决定的。杨世勇等研究认为，体能是指运动员机体的运动能力，是竞技能力的重要组成部分，是运动员为提高技术、战术水平和创造优异成绩所必需的各种身体运动能力的综合。李春雷研究认为，体能是运动员竞技能力总体结构中的最重要结构之一，是指运动员为提高运动技术、战术水平和创造优异运动成绩所必需的各种身体运动能力的综合，包括运动员的身体形态、身体功能、身体健康和运动素质，是各种能力的综合，其训练的内容如图 2-47 所示。

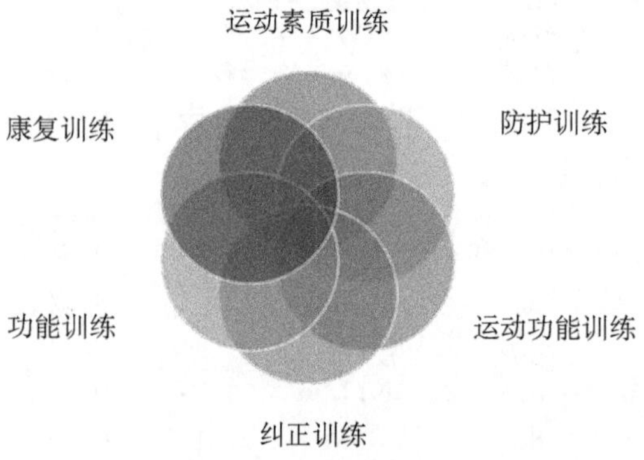

图 2-47 体能训练的内容

二、体能与体适能的区别

世界卫生组织将体适能定义为身体有足够的活力和精力进行日常事务，而不会感到过度疲劳，并且还有足够的精力享受休闲活动和应对突发事件的能力。体适能一般分为两类，一是与健康有关的健康体适能；二是与健身运动有关的运动体适能。体能与体适能主要的区别在于：①主体不同，体能通常涉及运动员，体适能通常指普通人群；②内容不同，体能主要涉及运动员的运动能力及比赛环境，体适能则通常涉及普通人群对生活环境和一般运动环境适应的能力。

三、体能训练原则

人们在多种多样的社会生活中，通过不断认识事物的发展规律，从而确立相应的原则。原则对人们的行为给予指导、予以约束，帮助人们的社会行为取得更好的结果。体能训练的原则是依据体能训练的规律来确定的。体能训练的原则也是在训练实践活动中通过感受领悟、提炼概括而提出和确立的。科学的体能训练原则可以有效指导人体进行符合体能能力的变化与提高规律的训练活动，取得理想的训练效果。

（一）体能训练的具体原则

体能训练的具体原则是指根据现代体能训练的客观要求，具体对训练内容、训练方法与手段、训练负荷、训练过程的组织与实施进行规定，充分符合科学体能训练实践活动的发展规律，对训练实践的指导具有重要意义。

1．全面性原则

全面性原则是指在体能训练中注重身体能力的全面发展，避免单一能力的发展。最佳的训练方案需要在某一时期重点发展某一能力，但同时也要对其他相关薄弱能力进行一定的发展。

2．针对性原则

不同的人群对体能有着不同的需求。针对性原则主要是指在体能训练中必须根据实际需求的特点，实施有针对性体能训练。

3．系统持续性原则

人体运动能力的增长需要通过人体的各个器官、系统、功能逐渐产生适应的过程，而这一过程又需要多年训练的累积。体能是多种运动能力的综合表现，不仅涉及生理、心理等各个方面的因素，同时又受到先天与后天因素的影响，因此人体体能的增长不是在短期内能够达成的，这就要求我们在训练的过程中需要持续且系统地进行体能训练。

4．个性化原则

个性化原则是指训练者从个人和外界环境条件的实际出发，注重个体差异，在确定训练目的、选择运动项目、安排运动时间和运动负荷时，因人而异、区别对待，这是进行体能训练的前提，也是训练效果好坏的基础。

5．健康性原则

健康是一切体能训练的基础与前提。在体能训练中，应坚持有利于身体健康为先导，并且通过促进健康来提高体能水平。体能训练中的健康原则具体表现在两个方面：一方面为通过一定的训练方法与手段提升身体的健康状态；另一方面应通过科学的方法手段减小在体能训练过程中容易导致的损伤风险。因此,教练员应始终将健康性原则贯彻在体能训练实践的全过程中。

6. 循序渐进原则

人体在体能训练的过程中并非承受的运动负荷越大,产生的训练效应就越好。训练负荷的大小对于人体能力的增长具有重要的作用,长期过大的负荷容易导致人体过度疲劳的发生,影响体能水平的增长且容易导致运动损伤的发生。长期过低的负荷不能引起机体必要的应激反应,不能使体能水平良好增长。因此在体能训练的过程中,应根据人体体能发展变化规律不断调整训练内容与运动负荷大小,以更好地发展体能。

四、体能训练的注意事项

(一) 合理处理好一般体能训练和专项体能训练的关系

一般体能着重发展人体的基本运动能力,包括力量、速度、耐力、柔韧、灵敏、协调等素质。发展好一般体能是进行专项体能训练的基础,专项体能则着重提高人体某一特定的运动技能或完成特定的任务所需要的体能。在训练实践的过程中,应当处理好一般体能与专项体能训练的关系,特别是训练负荷、训练内容之间的关系,应根据专项体能的需要和个人的实际情况,因时、因项、因人而异地确立两者的比例,合理安排训练。

(二) 体能训练应注重技术、心理等训练相结合

体能训练是人体综合运动能力的表现。在日常体能训练中还应该结合多种能力的训练,不应该只关注单一体能的训练,这样才能更好地确保综合运动表现发挥。

(三) 体能训练应因材施教,制订个性化训练方案

个体素质存在差异,应避免采用统一的训练标准、训练强度、训练方法进行训练。有针对性地制订个性化训练方案,可以提高训练的效能,避免运动损伤的发生。当前多数长站久坐人群都存在不同程度的损伤,应根据实际情况,进行不同形式的康复训练,待完全恢复后再进行专项体能训练。

复习思考题

1. 功能动作筛查的 7 个功能动作在现实工作生活中的具体表现有哪些?
2. 在功能动作筛查中出现疼痛,解决的基本思路是什么?
3. 关节活动度对于人体运动的作用是什么?
4. 长站久坐人群体能训练的原则及注意事项有哪些?

本章参考文献

菲尔·佩治，克莱尔 C.弗兰克，罗伯特·拉德纳，2016. 肌肉失衡的评估与治疗——扬达治疗法[M]. 焦颖，译. 北京：人民体育出版社：63-79.

简·约翰逊，2019. 体态矫正指南[M]. 赵鹏，李令岭，译. 北京：人民邮电出版社：55-199.

李春雷，2019. 我国体能训练反思与奥运会备战展望[J]. 体育学研究，2(4)：60-69.

林建棣，2003. 军事体育[M]. 北京：解放军出版社.

陆一帆，方子龙，张亚东，2007. 游泳运动科学训练与监控[M]. 北京：北京体育大学出版社.

美国国家体能协会，2019. 美国国家体能协会体能测试与评估指南[M]. 高炳宏，杨涛，译. 北京：人民邮电出版社：15-41.

美国国家运动医学学会，2019. NASM-CES 美国国家运动医学学会纠正性训练指南[M]. 王雄，等译. 北京：北京邮电出版社：94-106.

美国运动医学学会，2019. ACSM 运动测试与运动处方指南[M]. 10 版. 王正珍，等译. 北京：北京体育大学出版社：66-76.

孙庆祝，郝文婷，洪峰，2010. 体育测量与评价[M]. 2 版. 北京：高等教育出版社：63-111，143-192.

孙学川，2001. 论现代军事体能训练——训练原则、模式及基础体能训练[J]. 解放军体育学院学报(2)：1-5.

孙学川，2001. 现代军事体能探索[J]. 解放军体育学院学报(1)：1-6.

孙有平，2013. 运动训练实践问题探索[M]. 武汉：华东师范大学出版社.

王贝，王晨，侯彬，等，2021. 空气置换法、电阻抗法与双能射线法检测中国运动员体脂百分比的比较研究[J]. 中国运动医学杂志，40(7)：542-548.

王雄，沈兆喆，2014. 身体功能训练动作手册[M]. 北京：人民体育出版社：316-329.

吴铨叙，2003. 军事训练学[M]. 北京：军事科学出版社.

武江，2014. 深化公安海警学院军事体能教学训练改革的措施[J]. 公安海警学院学报，13(2)：38-40.

张大超，2007. 运动训练过程监控基本理论体系的构建[J]. 武汉体育学院学报(12)：53-61.

张艺宏，何仲涛，徐峻华，等，2017. 国民体质检测与评价[M]. 北京：科学出版社：81-91.

中国人民解放军总参谋部军训部，2003. 中国人民解放军体能训练手册[M]. 北京：解放军出版社.

Nicholas Ratamess，2018. ACSM 体能训练概论[M]. 李丹阳，李春雷，王雄，等译. 北京：人民卫生出版社：437-440.

Bonazza N A，Smuin D，Onks C A，et al.，2016. Reliability，validity，and injury predictive value of the functional movement screen：a systematic review and meta-analysis[J]. The American Journal of Sports Medicine，45(3)：725-732.

Kyle B K，Phillip J P，Michael L V，2007. Can serious injury in professional football be predicted by a preseason functional movement screen?[J]. North American Journal of Sports Physical Therapy，2(3)：147-159.

第三章

室内外场景下体能训练

导　语

家居、办公室及小区等室内外环境是人们工作生活的主要场所，在较长时间处于站姿、坐姿或卧姿后，应及时进行身体活动，避免身体僵硬、酸痛等。如长期长站久坐，可能造成肌力或心肺功能下降，甚至形成慢性疾病，应及时进行必要体能干预训练。

由于受到空间、时间等条件的限制，长站久坐人群在室内外场景下应根据现有条件合理有效地规划体能训练。锻炼策略应采用“生活化”（主动融入日常工作生活、利用身边随处可见的工具器材）、“嵌入式”（利用间隙、随时随地、见缝插针）、“碎片化”（结合小段落时间）的锻炼方式，适合进行短时段、负荷适当的训练。训练形式可以利用身体自重进行徒手式训练，也可以结合桌、椅、楼梯、健身器材等常见实物，配合瑜伽垫、弹力带、泡沫轴、按摩棒、跳绳、毽子等健身工具进行器械训练，选取对身体准备活动要求不高、不需要较大场地的动作。训练内容可以开展比较舒缓的主要关节（如肩颈、手指手腕、胸腰、髋膝踝）活动度训练、柔韧性训练，也可以进行有针对性的肌肉力量、耐力等素质训练，对上肢、下肢、核心及全身进行日常维护与提高性锻炼。锻炼频率和持续时间推荐“简单锻炼”（simple exercise）模式：一天之内相对静态的长站久坐持续 1 小时后进行简单身体活动，持续 2～3 小时以上进行较为丰富多样、较长时间的锻炼活动；每周至少从事 3 次、每次 30 分钟、强度适中的体育锻炼或身体活动。体能训练动作应结合身体状况、个人兴趣、运动习惯等因素，从本章推荐的动作中选取，在保证动作质量的前提下，可根据个人情况对动作次数、组数、休息时间等训练要素进行合理搭配。

本章根据长站久坐人群经常所处的环境，设置室内和室外两个场景，编排了难度适中、简便易行的体能训练动作与方法供练习者选用。

特别提示：在锻炼前对个人的身体状况、不适于运动的疾病应有所知晓，确保场地和器械的安全性，对于部分动作有可能不适合本人的情况，练习者可降低难度或变换动作形式。

学习目标

在室内外不同场景下学会利用简易器材进行体能训练的基本方法。

第一节 室内场景体能训练

体能训练按人体的身体部位可分为上肢训练、核心训练、下肢训练及全身训练。上肢训练主要发展部位为人体的手腕、小臂(前臂)、大臂(上臂)、肩部等。日常生活和工作中需要上肢活动非常频繁,因此对于上肢力量的训练也尤为重要。核心训练主要发展人体的核心区,较为普遍的训练是核心力量训练。核心力量的概念源于人体脊柱的解剖和生理学理论,主要应用于康复领域。当前普遍接受的核心力量概念是指人体核心部位,即腰椎、骨盆、髋关节的肌肉通过收缩产生力量来达到稳定人体核心部位、控制重心运动、传递上下肢力量目的的力量能力。核心力量对上下肢力量的传导和衔接是训练的主要目标,对专项力量也起到重要的支撑作用。下肢训练主要发展部位包括臀部、股部、膝部、小腿部和足部等,股部分前、内和后区,膝部分为前、后区,小腿部分前、外和后区,足部分踝、足背、足底和趾。下肢训练对人体的健康和运动能力非常重要,通常分为徒手下肢训练和器械下肢训练。全身训练强调身体各部位关节、肌肉乃至各系统的参与,对于提高整体的协调能力、心肺耐力、肌肉力量具有重要的作用。此类训练包括爬行、跳跃、跑步等练习动作。

一、上肢训练

(一) 椅子上斜俯卧撑

训练目的:增强上肢静力性和动力性力量,增强上肢力量和腹肌力量。

动作方法:面朝凳子、椅子或者稳固的台面站立,双手撑在椅子边缘,间距与肩同宽。足尖着地,身体挺直,腹部收紧,手臂伸直,身体呈一条直线,作为起始姿势。随后,保持身体挺直,慢慢弯曲手臂使身体下沉,同时吸气,直至胸部靠近椅子边缘。最后,快速伸直手臂,将身体撑起,恢复至起始姿势,同时呼气(图 3-1)。如此反复,完成规定次数。此动作是平地标准俯卧撑的退阶动作(此动作还可进一步退阶变式为扶墙俯卧撑),适合于力量不足或标准俯卧撑动作质量不高的练习者选用。

训练要求:训练过程中注意不要塌腰或翘臀,手臂发力占据主导,伸臂时勿将肘关节超伸锁死。每组 15~30 次,练习 2~3 组,组间间歇 30~60 秒。

图 3-1 椅子上斜俯卧撑

（二）椅子下斜俯卧撑

训练目的：提高上肢静力性和动力性力量，增强上肢力量和腹肌力量。

动作方法：双手打开，略比肩宽，五指分开撑地，双足放到椅子上，足趾支撑，与肩同宽，手臂伸直，身体挺直呈一条线作为起始姿势。随后，保持核心收紧，屈肘下放身体，使胸部靠近地面，同时吸气。最后，快速伸直手臂，使身体撑起，恢复至起始姿势，同时呼气。如此反复，完成规定次数。此动作是平地标准俯卧撑的进阶动作，适合于增强力量训练或标准俯卧撑动作质量较高且数量较多的练习者选用（图 3-2）。

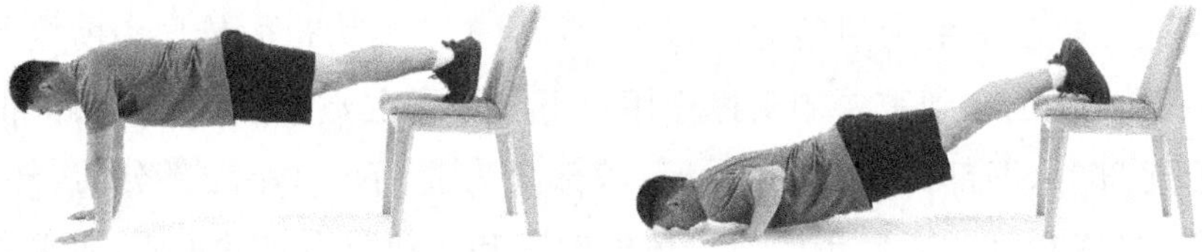

图 3-2 椅子下斜俯卧撑

训练要求：练习时要把注意力集中到训练的肌群上，肩胛骨下沉，核心稳定。注意椅子稳固性（可抵墙）及地面防滑等训练安全事项；注意保持躯干及下肢平直，不要塌腰或翘臀，手臂与躯干夹角不要超过 45°，动作节奏为慢下快起，下降阶段与推起阶段用时比为 2∶1。每组 15～20 次，练习 2～3 组，组间间歇 30～60 秒。

（三）重物钟摆

训练目的：增强上肢肩部力量，增强胸部肌肉力量。

动作方法：身体直立站姿，两足与肩同宽，一手提重物，另一手固定放在对侧肩部的三角肌上，持重物手进行钟摆左右移动，感受胸部发力（图 3-3）。重物向左、右摆动 1 个周期即为练习 1 次。此动作可采用哑铃或壶铃练习，居家条件下也可以用适当重量的桶装水、米袋或面袋进行练习。

图 3-3 重物钟摆

训练要求：在进行该动作时，需要腰背挺直，身体略微往前倾，同时避免手部过度用力。每组

15～30 次，练习 2～3 组，组间间歇 30～60 秒。

（四）站姿弹力带后拉

训练目的：增强上背部肌群（包括斜方肌、菱形肌、背阔肌和大圆肌）的力量，同时稳定肩部，减少肩部受伤的风险，改善身体胸背部前后肌力的不平衡，纠正含胸驼背的不良体态。

动作方法：将弹力带系于固定物体上与胸部同高，双手抓住弹力带两端，双足开立，与肩同宽，腰背挺直，屈膝屈髋，四分之一蹲，躯干前倾，双臂前平举，肘关节微屈，适度拉紧弹力带，作为起始姿势。随后，两臂屈肘，水平外展，肩部下沉，肩胛骨后缩，将弹力带拉向肩部。稍作停顿，缓慢伸展，手臂向前回放弹力带，肩胛骨同时前伸，恢复至起始姿势（图 3-4）。如此反复，完成规定次数。此动作可进阶为在双臂水平后拉的同时外旋肩关节（即双手上抬动作），并最终将双手拉到双耳两侧或头顶两侧，此时可增强肩关节外旋的能力。

图 3-4　站姿弹力带后拉

训练要求：在进行该动作时，需要感受肩背部肌肉发力，避免上臂主动发力，确保不耸肩或晃动身体后借力；全程保持核心收紧，动作节奏为前伸阶段与后拉阶段用时比为 2∶1；呼吸节奏为后拉时呼气，前伸时吸气。并控制肩部持续紧张性收缩，以及肩胛骨充分前伸后缩。每组 15～30 次，练习 2～3 组，组间间歇 60～90 秒。

（五）站姿弹力带肱二头肌弯举

训练目的：增强上肢肱二头肌、桡侧腕屈肌、肱桡肌力量。

动作方法：直立站姿，双足开立，与肩同宽，将一条弹力适当的弹力带踩在足下，双臂自然下垂，手持弹力带另一端，间距略宽于髋，此时双手持弹力带呈“一”字形，身体重心落在足掌中央，脊椎保持中立，肩胛骨下沉微微后缩，收紧核心肌群，保持躯干稳定，作为起始姿势。随后，肱二头肌发力带动弹力带向上直至完全屈肘，大臂始终固定在身体两侧，然后有所控制地慢慢伸展手臂向下回放弹力带，恢复至起始姿势（图 3-5）。如

图 3-5　站姿弹力带肱二头肌弯举

此反复，完成规定次数。

训练要求：上臂夹紧身体，每一次弯举确保不耸肩或身体后仰借力，同时确保弯举覆盖肘关节的整个关节活动范围，并在肘关节屈曲最大限度时保持 1 秒。动作节奏为伸展阶段与屈曲阶段用时比为 2∶1；呼吸节奏为伸展阶段吸气，屈曲阶段呼气。每组 15～30 次，练习 2～3 组，组间间歇 60～90 秒。

(六) 背手端举

训练目的："五十肩"改善训练，所谓"五十肩"，即肩周炎，是指肩关节囊及其周围韧带、肌腱和滑囊慢性损伤，长期积累达到某种程度后所形成的肩周炎症。多数由长期手工功课、伏案工作、不良姿势所致，并表现为肩部疼痛、发凉、活动度受限等症状。背手端举动作可有效增加肩部灵活度，改善肩部紧张问题，缓解肩部疼痛。

动作方法：身体直立站姿，双足开立，与肩同宽，抬头挺胸，收紧核心，双手背后交叉叠放在臀部的位置，保持胸部打开，作为起始姿势。随后，依靠肩部发力将双手由臀部向上移动至胸腰部，稍作停顿后，再从胸腰部缓慢下移回落至臀部(图 3-6)。

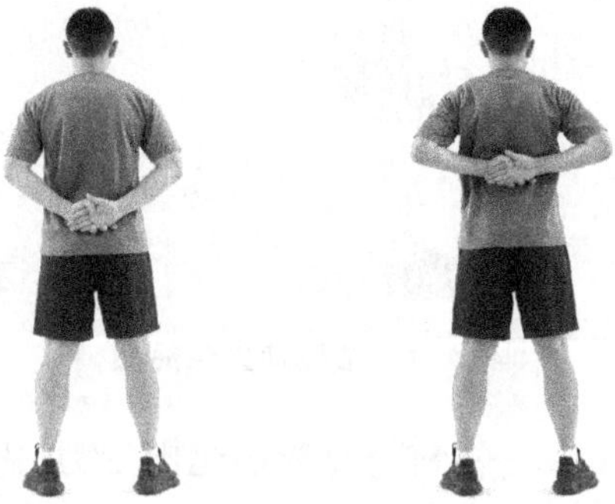

图 3-6　背手端举

训练要求：在进行该动作时，需要站姿保持身体直立，完成动作时避免含胸动作，并尽可能在自己可接受的范围内将双手抬至最高处，全程保持核心收紧。每组 15～30 次，练习 2～3 组，组间间歇 60～90 秒。

(七) 坐姿压肩

训练目的：拉伸放松肩带肌群(包括三角肌、冈上肌、冈下肌、肩胛下肌、小圆肌、大圆肌)，增加肩部灵活度，改善肩部紧张问题，缓解肩部疼痛。

动作方法：端坐在椅子上，并在面前适当距离处放置一高度合适的凳子。随后，身体前倾，双臂前伸，将双手手腕搭在凳子边缘位置，间距与肩同宽。然后，将躯干缓慢用力下压，并尽可能使头部低于手臂，至最大幅度后保持 30 秒。最后，缓慢抬起躯干，恢复至端坐姿势(图 3-7)。

训练要求：在进行该动作时，需要保证双手臂伸直，避免屈肘，尽可能在自身可接受范围内达到最低处，注意呼气减少胸腹内压。每次拉伸 30 秒，每组 2～3 次，组间间歇 30 秒或不间歇。

图 3-7　坐姿压肩

（八）撑椅子持重物画圈

训练目的：拉伸肩部紧张肌群；增加肩部灵活度；提高肩部稳定性。

动作方法：面对椅背站立，双足开立，与肩同宽，俯身前倾，用一只手扶住椅背，另一只手持重物（壶铃、桶装水等重物）并自然下垂。随后，按顺时针方向缓慢晃动肩部画圈，转8圈后换逆时针方向画圈，如此交替缓慢进行（图3-8）。

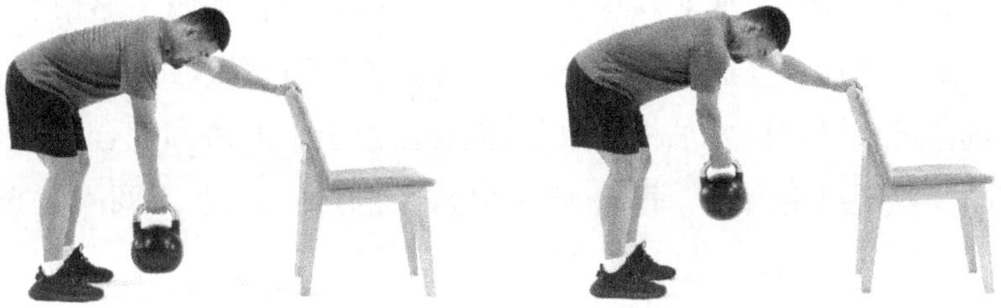

图 3-8　撑椅子持重物画圈

训练要求：在进行该动作时，需要身体放松使得肩部能够自如旋转，请勿用手臂主动发力；同时注意保持背部平直。顺时针、逆时针各转8圈即为一组，练习2～3组（两侧都要练习），组间间歇30～60秒。

（九）手扶柜子肩外旋拉伸

训练目的：拉伸肩、胸部紧张肌群，放松肩袖肌群，增加肩部灵活度，改善肩部紧张问题。

动作方法：站在办公柜（或门框）一侧，将小臂贴在办公柜上，手肘抬至肩膀高度，两腿前后分立并微微屈膝，作为起始姿势。随后，身体前倾，重心前移借助木箱的反作用力向外转动肩膀，保持30秒，慢慢恢复至起始姿势（图3-9）。

图 3-9　手扶柜子肩外旋拉伸

训练要求：在进行该动作时，需要保持身体直立，并微微屈膝，重心微微往前，手肘始终与肩膀位于同一高度，呼吸均匀。每次拉伸 30 秒，每组 2～3 次，组间间歇 30 秒或不间歇。

二、核心训练

（一）坐姿手摸对侧脚

训练目的：增强核心力量，提高上下肢协调能力。

动作方法：端坐在椅子上，抬头挺胸，目视前方，双手自然放于膝上，双膝与髋同宽，作为起始姿势。随后，一侧腿直腿上抬，足尖勾起，同时对侧手直臂下压前伸，触碰足尖。停留 2～3 秒，恢复至起始姿势（图 3-10）。如此反复，完成一侧练习后，换另一侧练习。

训练要求：在进行该动作时，需要保持身体直立端坐，上下肢同时发力，避免膝盖弯曲。每侧 10～20 次，两侧均完成练习为一组，练习 2～3 组，组间间歇 60～90 秒。

（二）坐姿团身收腹

训练目的：增强核心力量，提高上下肢协调能力。

动作方法：端坐在椅子上，挺胸抬头，目视前方，手放膝盖，双足并拢放于地面，作为起始姿势。随后，积极屈髋收腹，使双膝尽量快速靠近前胸，并伴随躯干略微后倾，稍作停顿，再将双足放置于地面并还原至起始姿势（图 3-11）。重复该动作，并完成规定次数。

训练要求：进行该动作时，要求核心收紧，需要注意上下肢协调配合，动作节奏流畅，避免腰部过度弯曲及躯干过度后倾。每组 15～30 次，练习 2～3 组，组间间歇 60～90 秒。

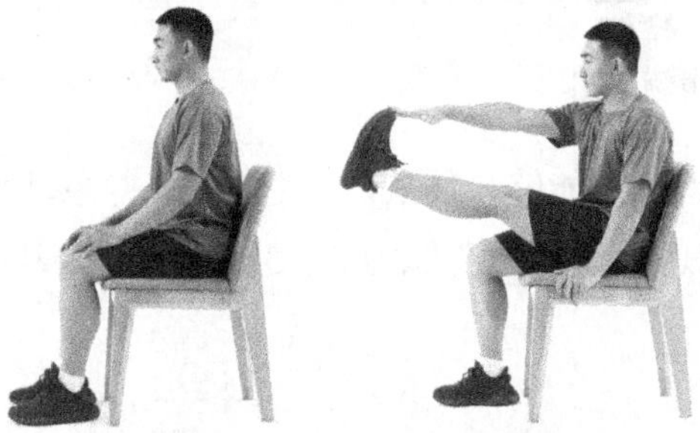

图 3-10　坐姿手摸对侧脚

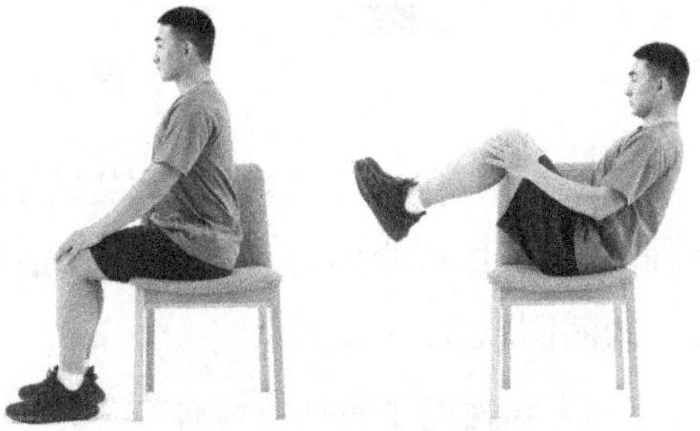

图 3-11　坐姿团身收腹

（三）俯卧单双手交替撑椅面

训练目的：增强上肢力量和提高核心稳定性。

动作方法：面向椅子，俯身双手撑地，间距与肩同宽，且位于肩下方，手臂伸直；两足尖支撑地面，间距与髋同宽，身体呈一条直线，作为起始姿势。随后，右手从地面抬起放置于椅面上，待稳定后以右手为支撑点将身体撑起，同时左手从地面抬起并放置于椅面上，此时双臂、躯干、双腿呈一条直线，保持 1～2 秒。然后，在左手支撑条件下，右手从椅面放回地面，待稳定后以右手为支撑点将身体撑起，同时收回左手并放置于地面上，恢复至起始姿势（图 3-12）。如此反复，完成规定次数。双手起落顺序可以调换。

图 3-12 俯卧单双手交替撑椅面

训练要求：在进行该动作时，要保证在抬起或落下某侧手臂时，保持骨盆及背部处于中立位，不发生明显倾斜，核心肌群起到抗旋作用；头、肩、髋、膝、踝呈一条直线；上肢支撑交替的节奏确保动作的流畅和稳定。双手上抬至椅子并下放到地面上即为完成一次。每组10～20次，练习2～3组，组间间歇60～90秒。

（四）持毛巾提膝转体

训练目的：增强核心力量，提高身体交叉链的能量传递效率及单腿支撑的平衡能力。

动作方法：直立站姿，双足开立，与肩同宽，双手各持毛巾一端，并将其拉直，手臂自然下垂，置于体前，作为起始姿势。随后，将左腿向右侧提膝上抬，同时双手持毛巾向左侧转体，待左侧大腿与地面平行，且右手从左膝外侧跨过该膝后，即收回左腿，同时身体转正，恢复至起始姿势（图3-13）。换另一侧继续重复该动作，两动作间几乎无间歇，并完成规定次数。

图 3-13 持毛巾提膝转体

训练要求：在进行该动作时，需要注意支撑腿的踝关节保持稳定，同时确保对侧手足旋转收缩时的节奏与动作流畅；整个过程毛巾始终拉直，同时依靠双臂摆动来带动躯干旋转，左右侧各完成一次即为一组。每组10～20次，练习2～3组，组间间歇60～90秒。

（五）八级腹桥

训练目的：增强核心力量，提高身体稳定性和控制力，降低腰部受伤的风险。

动作方法：起始动作为俯卧屈肘撑于地面，双肘位于肩部下方，双足与肩同宽，身体呈一条直线，完成持续3分钟的八级腹桥。

第一级：起始动作保持1分钟（四点支撑）（图3-14）。

第二级：在此基础上，抬起右臂向前水平伸直（三点支撑），保持15秒（图3-15）。

图3-14 八级腹桥第一级

图3-15 八级腹桥第二级

第三级：放下右臂，抬起左臂向前水平伸直（三点支撑），保持15秒（图3-16）。

第四级：放下左臂，抬起右腿，与背同高或略高于背并向后伸直（三点支撑），保持15秒（图3-17）。

图3-16 八级腹桥第三级

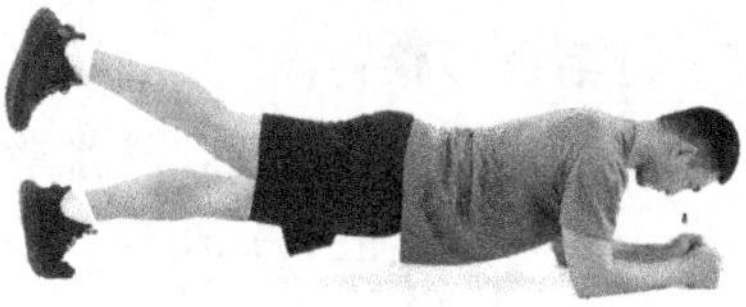

图3-17 八级腹桥第四级

第五级：放下右腿，抬起左腿，与背同高或略高于背并向后伸直（三点支撑），保持15秒（图3-18）。

第六级：保持左腿与背同高或略高于背并向后伸直姿势，同时抬起右臂并向前水平伸直（对侧两点支撑），保持15秒（图3-19）。

图3-18 八级腹桥第五级

图3-19 八级腹桥第六级

第七级：放下左腿与右臂，抬起右腿，与背同高或略高于背并向后伸直，同时抬起左臂并向前水平伸直（对侧两点支撑），保持15秒（图3-20）。

第八级：还原至起始动作保持30秒（图3-21）。

图3-20 八级腹桥第七级

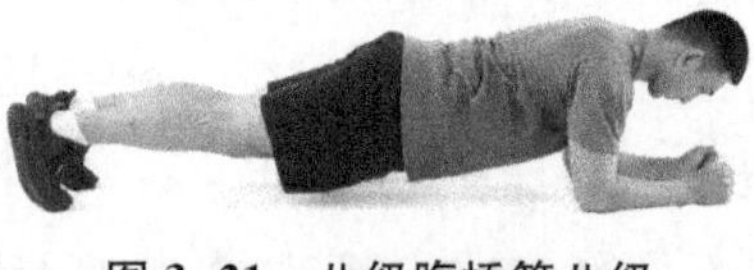

图3-21 八级腹桥第八级

训练要求：呈俯卧姿势，以肘部及足尖为支点，将身体撑起，骨盆处于中立位，头、肩、髋、膝、踝呈一条直线，不要塌腰、翘臀、肩胛骨突出，动作姿势转换时，身体尽量不发生扭转，肘关节屈成 90°，前臂平行与肩同宽，同时身体核心全程收紧。不能连续完成全部动作的练习者可以完成分级动作练习或不同动作组合练习。

三、下肢训练

（一）椅子坐姿单腿站立

训练目的：提高支撑腿踝关节稳定性，增强下肢力量，促进身体协调、平衡能力发展。

动作方法：端坐在椅子上，挺胸抬头，目视前方，双手自然放于膝上，双膝与髋同宽，作为起始姿势。随后水平抬起一侧腿，双手向前平举，挺胸收腹，支撑腿发力站起，稍作停顿，恢复至起始姿势，并完成规定次数（图 3-22）。

训练要求：在进行该动作时腰背挺直，防止弯腰弓背，单腿支撑站起后，另一侧腿悬空不触地；单腿站起，坐下时，要迅速有力，身体不要晃动，每侧 10～20 次，两侧均完成练习为一组，练习 2～3 组，组间间歇 60～90 秒。

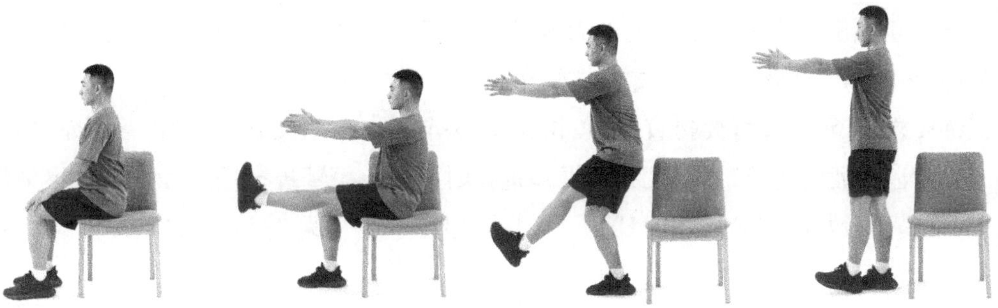

图 3-22　椅子坐姿单腿站立

（二）椅子保加利亚单腿蹲

训练目的：增强单侧下肢力量（股四头肌、腘绳肌、大腿内收肌群及伸髋肌群），提高支撑腿足踝稳定性、核心稳定性。

动作方法：背向站于椅前，距离适当，双手交叉抱于胸前，左腿支撑，右足足背搭在椅子边缘（高度可调），作为起始姿势。随后，屈膝有控制地尽可能下蹲（可在后膝下垫软垫），至左侧大腿与地面平行，并且左小腿与躯干垂直于地面，同时始终保持躯干挺直，稍作停顿后，前腿快速蹬地发力恢复至起始姿势（图 3-23）。可同侧腿多次重复动作后换异侧腿训练。

训练要求：调整左右腿前后分开的程度，控制身体平衡，尽量不要晃动；下蹲时尽量至前侧大腿与地面平行，重心在前腿，前足掌平均受力于地面，足尖方向与膝关节指向一致并朝向正前方，膝盖不超过足尖；整个过程保持躯干挺直；蹲起时，前侧腿的股四头肌、臀部肌群主动发力驱动身体向上；动作节奏为慢下快上，下蹲与蹲起阶段用时比为 2∶1；呼吸节奏为下蹲时吸气，蹲起时呼气。每侧 10～20 次，两侧均完成练习为一组，练习 2～3 组，组间间歇 60～90 秒。

图 3-23　椅子保加利亚单腿蹲

（三）持重物深蹲

训练目的：增强下肢力量（臀大肌、股四头肌等），增强核心力量。

动作方法：直立站姿，两足与肩同宽，腰背挺直，双手各持一重物（如米袋、面袋或桶装水等，本练习采用壶铃）并自然下垂置于身体两侧，作为起始姿势。随后，保持背部挺直，屈膝屈髋下蹲至大腿与地面平行或壶铃触及地面位置，稍作停顿后，伸膝伸髋起立恢复至起始姿势（图 3-24）。如此反复，完成规定次数。

训练要求：下蹲时腰背要挺直，核心收紧；膝关节指向与足尖方向一致，且不超过足尖；蹲起时发力以伸髋为主导（臀部发力），提起重物时要避免手臂过多用力。动作节奏为慢下快上，即下蹲阶段与蹲起阶段用时比为 2∶1；呼吸节奏为下蹲时吸气，蹲起时呼气。每组 15～30 次，练习 2～3 组，组间间歇 60～90 秒。

图 3-24　持重物深蹲

（四）手扶墙提踵

训练目的：对下肢小腿肌群进行训练，增加足弓和踝关节力量，提高小腿弹性，增强腿部爆发力。

动作方法：双手扶墙直立，双足开立，与肩同宽，足掌自然着地，腰背挺直，保持核心收紧，作为起始姿势。随后，双足足跟缓慢抬起，足跟距地面 3～5 cm，保持双足足尖站立姿势，到达顶端时维持 1 秒。最后，慢慢向下压足跟，同时恢复至起始姿势(图 3-25)。如此反复，完成规定次数。

训练要求：在进行该动作时，需要站姿保持身体直立，完成动作时避免屈体，控制重心不要有意前移，全程保持核心收紧。动作节奏为慢下快上，提踵阶段与下放阶段用时比为 1∶2；呼吸节奏为提踵时呼气，下放时吸气。每组 15～30 次，练习 2～3 组，组间间歇 60～90 秒。

图 3-25 手扶墙提踵

(五) 楼梯训练

1. 楼梯弓箭步

训练目的：增强下肢肌肉力量，提高踝关节、膝关节稳定性，提高单侧下肢支撑稳定性。

动作方法：面朝楼梯站立，双足开立，与肩同宽，双手叉腰，保持核心收紧，作为起始姿势。随后，抬起右腿迈向高度合适的台阶，并积极下压小腿使全足掌踩到台阶上，最终呈右弓箭步姿势，右膝自然微微往前压，同时左腿伸直，稳定后右腿用力蹬离台阶恢复至起始姿势(图 3-26)。如此反复，完成规定次数。可连续同侧腿或两腿交替反复练习。

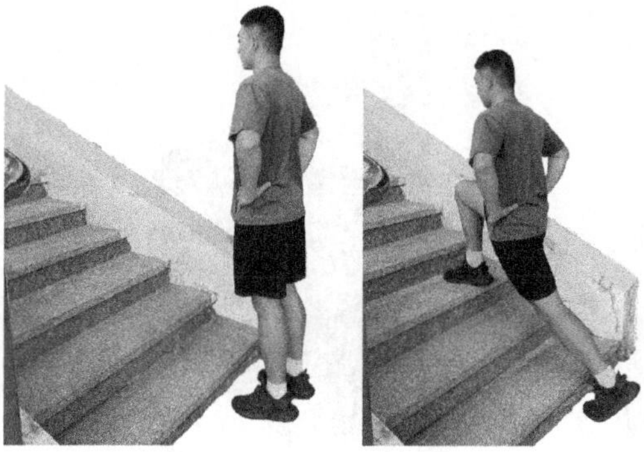

图 3-26 楼梯弓箭步

训练要求：在进行该动作时，站姿需要保持身体直立，完成动作时避免身体晃动借力，保证下压充分到位，全程保持核心收紧。动作节奏为前跨时尽可能慢，以确保稳定，而蹬起时，要迅速有力；呼吸节奏为前跨时吸气，蹬起时呼气。每侧 10～20 次，两侧均完成练习为一组，练习 2～3 组，组间间歇 60～90 秒。

2. 楼梯侧弓步

训练目的：增强下肢尤其是内收肌力量，提高侧向移动的能力。

动作方法：以右侧为例，侧向楼梯站立，腰背挺直，双手叉腰，作为起始姿势。保持核心收紧，屈膝抬起右腿，向右侧横跨一步至高度合适的台阶上，保持腰背挺直，身体重心压在右侧支撑腿上，呈右侧弓步姿势。稍作停顿后，右腿用力蹬离台阶，恢复至起始姿势。如此反复，完成规定次数。可连续同侧腿或两腿交替反复练习(图 3-27)。

训练要求：在进行该动作时，站姿需要保持身体直立，侧弓步姿保持腰背挺直，重心压在侧弓步腿上(即屈膝下蹲一侧腿)，另一侧腿保持伸直姿势。此外，侧弓步腿侧向横跨至台阶时，注意抬腿落足高度要合适，防止踩空摔倒，屈膝下蹲时，膝关节指向要与足尖方向一致。动作节奏为侧跨时尽可能慢，以确保稳定，而蹬起时要迅速有力；呼吸节奏为侧跨时吸气，蹬起时呼气。每侧 10～20 次，两侧均完成练习为一组，练习 2～3 组，组间间歇为 60～90 秒。

3. 手足交替爬楼梯

训练目的：增强上肢及下肢力量，锻炼核心力量，提高上下肢协同配合能力。

动作方法：站在台阶前双手撑在同一高度的台阶上，双足支撑地面，身体呈俯卧姿势，头部放松，作为起始姿势。随后，双手、双足交替爬上一级台阶。调整呼吸，手足节奏协同，重复以上动作（图 3-28）。

训练要求：在进行该动作时，需要保持上下肢节奏统一，协调配合，避免身体弓腰驼背姿势，全程保持核心收紧（训练前检查地面，确保无尖锐物，防止手部划伤可佩戴手套）根据自身能力选择合适的台阶高度，每组 10～15 次，练习 2～3 组，组间间歇 60～90 秒。

图 3-27　楼梯侧弓步

图 3-28　手足交替爬楼梯

四、全身训练

波比跳（立卧撑）

训练目的：增强全身肌肉力量与提高综合素质，增强心肺功能，帮助快速减脂。

动作方法：自然站立，两侧手臂置于腿两侧。抬头挺胸，目视前方，收紧核心，背部挺直。随后，屈膝下蹲，直至大腿和小腿贴合在一起。身体前倾，两侧手臂伸直并略微前伸，双手手掌支撑于地面。同时，将双足向后跳跃伸展，直至完全伸直。此时用双足足趾撑地，身体呈一条直线，呈俯卧撑姿势。然后，吸气挺胸，并屈肘下压，直到胸部快要贴于地面。用力向上撑起身体，直至两侧手臂完全伸直，呼气，回到俯卧撑姿势。双足向前跳跃回位，回到下蹲姿势。足后跟略微上抬，准备最后的跳跃动作。最后用力起身跳跃，同时将两侧手臂向上举起（图 3-29）。如此反复，完成规定次数。

训练要求：在进行俯卧蹬伸动作时，需要肩、背、腰、腿呈一条直线，防止腰部弯曲；下蹲时膝盖避免内扣；收腿时，足停留的位置尽量靠近双手支撑的位置；纵跳时，下肢积极蹬伸，双臂上摆带动身体向上跃起；落地时，屈膝缓冲，进入到下一个动作周期；保证有一定的动作速度和连贯性，根据个人能力，训练强度适合为宜，每组 10～15 次，练习 2～3 组，组间间歇 90～180 秒。

图 3-29 波比跳

第二节 室外场景体能训练

一、上肢训练

(一) 石凳臂屈伸

训练目的：提高上肢肱三头肌力量及身体核心控制力。

动作方法：身体背对石凳，双足站立于距离石凳适当位置处，同时将双手置于石凳上，略宽于肩，手指朝前抓握凳面。保持双腿并拢前伸、躯干挺直、双臂伸直状态，使身体呈斜上仰卧姿势，并作为起始姿势。随后，保持躯干、双腿姿势不变，积极屈肘下沉肩部至适当位置。短暂停留后，伸直手臂恢复至起始姿势(图 3-30)。如此反复，完成规定次数。

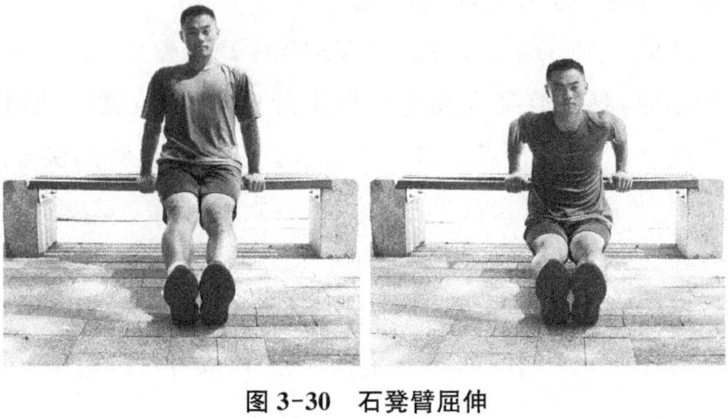

图 3-30 石凳臂屈伸

训练要求：训练过程中，速度要平稳，不要过快下沉，以免对肩部造成过大压力，身体要挺直，两肘要向内夹臂；保持颈部自然正直，双眼可以向上看，但不要向后仰头；屈肘下放臀部，至双臂弯曲成 90°角（几乎和地面平行）；伸肘时，肱三头肌积极收缩发力，使手臂伸直和肱三头肌处于“顶峰收缩”位。呼吸节奏为屈肘时吸气，伸肘时呼气。每组 10～20 次，练习 2～3 组，组间间歇 60～90 秒。

（二）石凳上斜俯卧撑

训练目的：增强上肢动力性力量，增强核心力量。

动作方法：双足并拢，面对石凳，站在离石凳适当距离位置处，俯身前倾双手撑在凳子边上，间距与肩同宽。足趾着地，身体挺直，腹部收紧，手臂伸直，作为起始动作。随后，保持身体挺直，慢慢弯曲手臂使身体向下，同时吸气，直至胸部靠近凳子边缘。然后，快速伸直手臂，将身体撑起，恢复至起始姿势，同时呼气（图 3-31）。如此反复，完成规定次数。

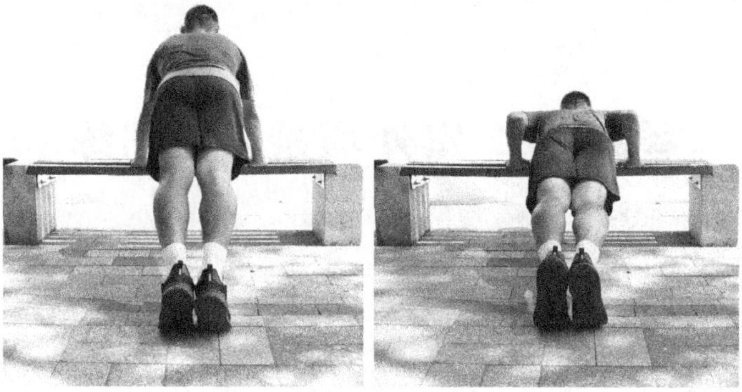

图 3-31 石凳上斜俯卧撑

训练要求：训练过程中注意不要塌腰或翘臀，手臂发力占据主导，屈肘下沉时，双臂贴近躯干；动作节奏为慢下快上，下沉阶段与推起阶段用时比为 2∶1；呼吸节奏为下沉时吸气，推起时呼气。每组 15～30 次，练习 2～3 组，组间间歇 60～90 秒。

（三）石凳下斜俯卧撑

训练目的：增强上肢动力性力量，增强核心力量。

动作方法：双足并拢，背对石凳，站在离石凳适当距离位置处，俯身前倾，双手打开略宽于肩，五指向前分开撑地，双足放到石凳上。身体挺直，腹部收紧，手臂伸直，作为起始姿势。随后，保持躯干挺直，慢慢屈肘使身体向下，同时吸气，直至胸部快要触及地面。然后，快速伸直手臂，将身体撑起，恢复至起始姿势，同时呼气（图 3-32）。如此反复，完成规定次数。

训练要求：训练过程中注意不要塌腰或翘臀；为增大做功距离、增强训练效果，屈肘程度尽量深，能力有限者根据个人情况而异。屈肘下沉时，双臂贴近躯干；动作节奏为慢下快上，下沉阶段与推起阶段用时比为 2∶1；呼吸节奏为下沉时吸气，推起时呼气。每组 10～20 次，练习 2～3 组，组间间歇 60～90 秒。

图 3-32 石凳下斜俯卧撑

二、核心训练

（一）俯卧体侧登山

训练目的：增强核心力量及提高稳定性，提高屈髋能力和下肢关节活动度。

动作方法：身体呈俯卧撑姿势，双手位于肩下方，两足与肩同宽，作为起始姿势。随后，保持双臂支撑不动，左腿提膝上抬，至左足跨过左手外侧，稍作停顿，左腿积极收回至起始姿势，并在左腿收回的同时，右腿积极蹬地跳跃，并提膝上抬，至右足跨过右手外侧，如此反复，左右足交替跨过同侧手，完成连续的俯卧体侧登山动作（图 3-33）。

图 3-33 俯卧体侧登山

训练要求：在进行该动作时，需要确保上肢支撑的稳定性，左右足交换跳动要有节奏，并且动作连贯迅速，避免腰臀部位上下起伏过大。如果前跨腿柔韧性不足，可适当减小动作幅度。训练强度适中，每组每侧完成 10 次，练习 2～3 组，组间间歇 60～90 秒。

（二）侧桥单腿外展

训练目的：增强上肢支撑力量、腹外侧肌群力量，提高核心稳定性。

动作方法：侧卧单手和单足支撑，两足并拢，非支撑手臂外展，使两臂一线，同时保持背部平直，腹部和臀部收紧，身体呈一条直线，作为起始姿势。随后，保持支撑手足及躯干不动，非

图 3-34 侧桥单腿外展

支撑腿外展至足与肩同高，稍作停顿后，恢复至起始姿势(图 3-34)。如此反复，完成规定次数。

训练要求：准备动作要求头、躯干、下肢处于一条斜直线；进行侧桥抬腿动作时，身体保持平衡稳定，腿部开合抬腿动作有所控制，达到平肩高度时稍作停顿；腿下落过程速度有所控制，身体姿势始终保持稳定。每组每侧完成 15 次，练习 2～3 组，组间间歇 60～90 秒。

(三) 单杠悬吊交替抬膝

训练目的：提高上肢悬吊力量和肩背的稳定性，增强髋屈及核心力量。

动作方法：站立于单杠下方，起跳后双手正握单杠，掌心朝前，距离略比肩宽，身体自然悬垂，作为起始姿势。随后，缓慢抬起右腿至大腿与地面平行，稍作停顿，放下右腿，同时抬起左腿(图 3-35)。如此反复，完成规定次数。

图 3-35 单杠悬吊交替抬膝

训练要求：进行该动作时，需要在远端固定的状态下保持肩、腹背部稳定，避免出现前后晃动；抬膝幅度要充分、动作要快，抬膝腿回落时腿要伸直；练习时注意防脱手(可戴防滑助力带)，防跌落(地面有软垫或软质沙土，且最好有同伴位于侧/后方保护)。呼吸节奏为腿上抬时呼气，回落时吸气。每组两侧完成 20 次，练习 2～3 组，组间间歇 60～90 秒。

三、下肢训练

(一) 单足(双足)三角形跳跃

训练目的：增强下肢单(双)侧力量，提高身体的灵活性和协调性。

动作方法：双手叉腰，左腿支撑站立，右腿屈膝上抬并将踝置于左腿膝关节位置处，作为起始姿势。随后，左腿屈膝微蹲，紧接着蹬伸跳跃至地面上任意三角形的顶点(可顺时针也可逆时针方向跳跃)，落地后屈膝缓冲，待稳定后向下一方向跳跃(图 3-36)。如此反复，完成规定次数。

训练要求：进行动作过程中全身协调发力，注意动作节奏适当，动作熟练后可加快动作速度；跳跃幅度适中，可在地面画一个三角形以标记好跳跃距离和落地点；落地时注意屈膝缓冲，防止崴脚。根据个人能力可选择双足或单足完成；跳完三角形一圈为 1 次，每组 10～20 次，每侧腿完成 2～3 组跳跃，组间间歇 60～90 秒(图 3-36)。

图 3-36　单足(双足)三角形跳跃

(二) 单腿侧向连续蹬石凳提膝

训练目的：强化髋部屈伸肌群力量；增强神经系统对侧向主动抬腿动作的控制力；提高翻越及跨越能力。

动作方法：侧对具有一定高度的石凳(或台阶)站立，距离适中，作为起始姿势。随后，主动屈膝抬起靠近石凳一侧的腿至大腿与地面平行，足尖勾起，同时同侧手臂直臂后摆，对侧手臂屈肘前摆，呈原地高抬腿跑步姿势。稳定后，该侧腿积极向石凳上跨越蹬伸，同时，另一侧腿蹬离地面并屈膝上抬至大腿与地面平行，该过程手臂交替前后摆动。待稳定后，按照相反的动作顺序退回至起始姿势(图 3-37)。如此反复，完成规定次数。

图 3-37　单侧侧向连续蹬石凳提膝

训练要求：进行该动作时，躯干全程保持挺直，靠近台阶一侧腿在侧跨下压蹬伸台阶过程中要积极有力，登上台阶后该侧腿髋、膝要充分伸展；蹬伸过程中，手臂协调配合前后摆动，另一条腿积极屈膝上抬；两次屈膝上抬，大腿均要与地面平行；可根据个人能力调节台阶的高度。每组每侧完成 10 次，练习 2～3 组，组间间歇 60～90 秒。

(三) 俯卧支撑后抬腿至前盘腿

训练目的：增强身体协调平衡能力，核心控制力及肩、背、髋的伸展度；提高俯卧支撑体姿体位的功能能力。

动作方法：身体呈俯卧撑姿势，双手位于肩下方，两足与肩同宽，作为起始姿势。随后，双臂前推，躯干后移，肩部下沉，同时将右侧腿向后上方抬起，至与躯干呈一条直线，保持 2 秒。然后，收肩使身体前移。同时，右腿往前屈腿呈盘腿下压姿势，稍作停顿，恢复至起始姿势（图 3-38）。如此反复，完成规定次数。

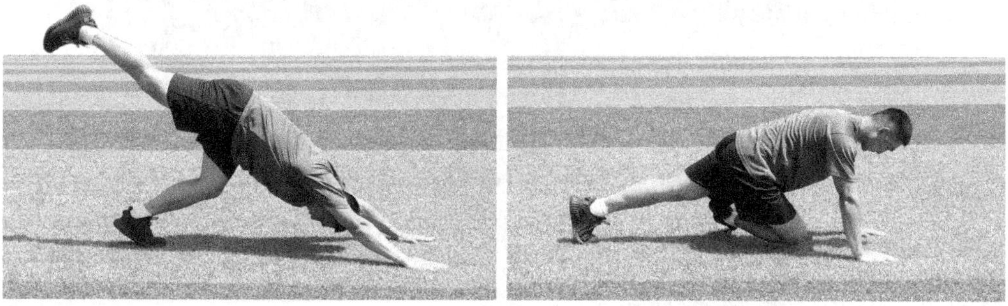

图 3-38　俯卧支撑后抬腿至前盘腿

训练要求：进行该动作时动作可缓慢进行，要求身体协调控制平衡；注意核心保持收紧状态；保持动作连贯性。腿上抬时吸气，下压盘腿时呼气。每组每侧完成 10 次，练习 2～3 组，组间间歇 60～90 秒。

四、全身训练

(一) 爬行动作——俯卧登山行进

训练目的：增强人体俯卧姿四肢协调爬行能力；加强四肢、肩背力量及核心力量控制能力；预防和治疗脊柱疾病。

动作方法：准备姿势从俯卧四点支撑开始，爬行前两手与肩同宽、两足与髋同宽，双臂伸直、双手位于双肩正下方，双腿伸直，双足前足掌着地，此时保持后背成一个平板；登山行进时抬头眼看前下方，在保持躯干与地面平行、背部平稳的前提下，对侧手足通过屈髋提膝、抬手臂缓慢向前移动做交替爬行动作（图 3-39）。

训练要求：做好腕、肩关节热身；注意缓慢行进时保持核心区稳定，躯干与地面平行，背部平稳，避免手足向前移动过程中产生背部侧倾或髋部扭动；注意地面无尖锐物，必要时配戴手套防手部划伤。一次行进距离为 4～5 m,可反方向练习。

图 3-39 爬行动作——俯卧登山行进

(二) 健步走

训练目的:提高心肺耐力,锻炼全身肌肉参与运动的能力。健步走是一项以促进身心健康为目的,讲究姿势、速度和时间的步行运动,它行走的速度和运动量介于散步和竞走之间。突出的特点是方法易于掌握,不易发生运动损伤;不受年龄、时间和场地的限制,不同年龄人群可根据自己的时间随时随地进行锻炼;运动装备简单,只需一双舒适合脚的运动鞋;在良好自然环境中结伴健步走,不仅锻炼身体,还能欣赏自然美景,促进人际交流,陶冶身心。

动作方法:在自然行走的基础上,躯干伸直,收腹、挺胸、抬头,随走步速度的加快而肘关节自然弯曲,以肩关节为轴前后自然摆臂,同时腿朝前迈,足跟先着地过渡到前足掌,然后蹬地将身体推离地面。健步走时,上下肢应协调运动,并配合深而均匀的呼吸。健步走速度的快慢是决定锻炼效果的关键因素,通常因人而异,可分为慢步走(每分钟 70～90 步)、中速走(每分钟 90～120 步)、快步走(每分钟 120～140 步)、极快速走(每分钟 140 步以上)。

训练要求:合理选择健步走的速度,运动强度适宜。注意长距离运动后及时拉伸放松。

训练建议:科学锻炼知识推荐,“适当运动 + 体力活动”能够较好减少运动不足,建议大众人群日行 1 万步,其中至少有 3 000 步达到中等或中等以上强度(运动时心率为 120～150 次/分)。

(三) 跑步

训练目的:提高心肺耐力,锻炼全身肌肉参与运动的能力。

动作方法:安全有效的跑步健身首要注意正确的跑步姿势。初始跑步时跑步姿势遵循“小、轻、快”的原则，即小步幅、轻落地、足离地快（频率快），可有效避免不必要的损伤。积累一定的跑量后可进一步改进跑步姿势，提高跑步的经济性。跑步时应保持核心适当收紧，身姿挺拔，躯干适度前倾，利用重心驱动身体向前，防止“坐着跑或后仰跑”；支撑足落地时保持耳、肩、髋和踝处在一条线上，足落地时要始终保持膝关节的弯曲状态，能够更好保持下肢的弹性，减小地面对身体的冲击；尽量避免用足跟着地，以减少地面对足部及下肢的冲击力。

训练要求：选择合适的跑步鞋及跑步装备，以及具有一定弹性的地面；跑前充分活动身体；跑步过程中注重跑步姿势正确，良好的跑步姿势是增加跑量、提高强度的前提条件；跑量和强度因人而异，以个人体感舒适为宜；跑后注意拉伸及身体反应，特别是身体各部位疼痛需及时处理。在1周跑步的间隙休息日，可进行适当的全身力量训练。为预防损伤及提高跑步能力，应侧重加强下肢的弹性跳跃训练、臀肌力量及大腿后群（如腘绳肌）肌肉力量训练。

训练建议：没有训练经历的跑者通常1周跑步2～3次，每次30～40分钟为宜，可走跑结合，心率控制在150次/分以内是较为推荐的安全且有效的训练强度；在递增训练量时，要注意循序渐进，通常周总跑量（每周跑步的总距离）不超过上周周总跑量的10%；有锻炼习惯且具备一定能力的跑者可在以上要求的基础上进行进阶训练。

复习思考题

1. 如何在居家场景中突破训练形式的局限性适时训练，从而全面、有效地提升体能素质？
2. 如何确保居家场景训练的安全进行？
3. 如何在居家、办公等室内环境进行体能训练？
4. 如何在生活小区、办公区等室外环境进行体能训练？
5. 如何在长站久坐之后适时选择全身均衡的身体训练方式？
6. 如何正确进行常见的健步走、跑步等训练方式？

本章参考文献

胡安·卡洛斯·桑塔纳，2017. 功能性训练：提升运动表现的动作练习和方案设计[M]. 王雄，袁守龙，译. 北京：人民邮电出版社.

克里斯蒂安·博格，2016. 精准拉伸：疼痛消除和损伤预防的针对性练习[M]. 王雄，杨斌，译. 北京：人民邮电出版社.

刘迎春，张文杰，2021. 成人静态行为与健康的相关研究进展[J]. 解放军护理杂志，38(6)：69-71.

迈克·鲍伊尔，2017. 体育运动中的功能性训练[M]. 2 版. 张丹玥，王雄，译. 北京：人民邮电出版社.

王瑞青，孔宪菲，张华，等，2021. 世界卫生组织身体活动和久坐行为指南[J]. 中国卒中杂志，16(4)：390-397.

严翊，王正珍，谢敏豪，2013. 运动与心血管风险[J]. 北京体育大学学报，36(8)：40-44，66.

第四章

野外场景下体能训练

导　语

除了利用居家、办公场景，特种行业人员由于职业特点需要会遇到在野外环境开展驻训及执行任务的场景，可能面临长站久坐的情形。由于野外环境条件的限制，体能训练装备可能比较匮乏，但体能训练又不能放松，需要结合实际条件创造性地因地制宜，利用简易、方便的器材进行体能训练。本章贴近实际环境与职业特点需要，利用装备简单、对场地空间要求较低的训练器材，如沙袋、弹药箱、轮胎、单双杠器械等，满足不同训练空间、条件的训练需求。通过训练，不仅能提高基础体能，还能为职业需要的特殊体能打下基础。

学习目标

掌握利用悬吊带、沙袋、轮胎、弹药箱、单双杠等训练器材进行体能训练的方法。

第一节　悬 吊 训 练

一、悬吊训练简介

（一）什么是悬吊训练

悬吊训练是指用悬吊器材（如背包绳、悬吊带等），将其一端固定在牢固的地方（如横梁、门框、炮管、树枝、卡车车厢或空间场地狭小的场所等），将身体的某一部位悬吊起来，使其处于不稳定状态下进行静力性或者动力性的体能训练，以增强全身素质和肌肉力量，改善神经肌肉的协调控制能力，从而更加简便有效地完成技术动作，提高体能素质水平和健康水平。悬吊训练是以体重为抗阻负荷，进行力量、平衡、灵活性和核心稳定等多种形式的训练，适合各类健身人群。同时悬吊训练器材具有轻便、便于携带、训练操作简单等特点，也可以作为长站久坐人群用于健身、康复、改善身体姿态、促进体能素质协调发展的补充方法与手段。

（二）训练原理

悬吊训练将身体某部位悬吊起来，使身体处于非稳定状态下进行力量训练。在这种状态下引起多突触反射活动来对抗重力的牵引，增加运动单位募集。尤其是可以激活兴奋性低的深层肌肉群和小肌肉群的活动，增强神经对肌肉的控制能力，从而提高身体的稳定性、平衡能力、肌肉之间协调能力，对于预防运动损伤、提高受训者的全面身体素质，使其更加适应工作岗位，完成各种任务起到重要作用。

（三）悬吊装备

1. 悬吊训练装备准备

悬吊训练装备可以购买，选用正规厂家生产的商品，材料应坚固耐用，长度适宜，可调节长度，握柄及悬吊吊环手感舒适。在不方便购买的情况下，可以用背包绳、毛巾等代替，但训练时一些动作可能受限。

2. 悬吊装备安装

安装悬吊装备前，应认真阅读说明书，严格按照说明书要求进行安装。首先必须选择能承受自身体重的固定点。例如，坚固的横梁、栏杆、门框、卡车车厢等，认真评估固定点的坚固程度，确保训练安全。固定悬吊绳时要注意以下几点：选择一个 2～3 m 高，并且足够支撑练习者体重的悬挂点；确保悬吊绳的中部从套环穿过，但不要固定，便于训练时调整；将挂钩挂到支撑点上固定，拉紧弹力带，在训练前要用悬重进行测试，确保悬挂点牢固；调整悬吊绳的长度，获得最好的训练力矩和阻力，保证训练质量。

3. 训练时悬吊的部位

(1) 手部悬吊：双手或单手抓握悬吊带手柄。

(2) 肘部悬吊：大小臂弯曲，肘窝挎在悬吊带手柄环内支撑身体。

(3) 大臂悬吊：将悬吊带手柄环套在大臂中部合适位置支撑身体。

(4) 足部悬吊：将双足或单足套进手柄环，根据动作要求将足背、足跟或踝套在合适位置。

(5) 小腿悬吊：将手柄环套在小腿后面或前面中部合适部位。

根据训练内容和难易程度，悬吊训练时可选择相应的肢体部位悬吊。例如，练习核心、下肢可将手臂悬吊，如果需要增加难度，悬吊点离身体重心远一些；如果想要降低难度，可采用小臂、肘部或大臂悬吊，悬吊点离重心近一些。同理，如果进行躯干、上肢训练，可对下肢的足部、小腿、大腿等部位进行悬吊，调整悬吊点离重心的远近，增加或降低动作难易程度。

二、悬吊训练动作

（一）站姿双手悬吊俯卧撑

训练目的：增强胸大肌、前锯肌、肱三头肌力量。

动作方法：调整悬吊带手柄至合适高度，双足并拢，面向悬吊带站立，双手直握悬吊环手柄，掌心相对，距离略比肩宽，身体保持一线前倾，手臂伸直，并保证悬吊带绷直。保持躯干和下肢不动，屈肘使身体下沉，至肘关节成 90°夹角，并保持双臂贴近躯干，然后撑直手臂为一次练习（图 4-1）。可通过前后移动足改变身体与地面夹角调整动作难度，夹角越大难度越小，夹角越小难度越大。

训练要求：练习时，保持腰背挺直，双腿伸直；下沉时，双臂贴近躯干。每组 15～30 次，练习 2～3 组，组间间歇 30～60 秒。

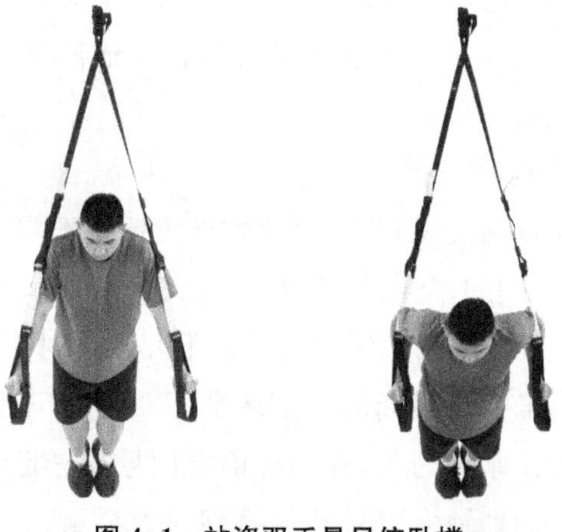

图 4-1　站姿双手悬吊俯卧撑

（二）双足悬吊俯卧撑

训练目的：增强胸大肌、前锯肌、肱三头肌力量。

动作方法：调整悬带环至合适高度，两腿并拢，足背套进悬吊带环内，双手位于肩臂部下方，距离略比肩宽，直臂俯撑在地面，身体保持一线。屈臂使胸靠近地面，并保持躯干与下肢呈一条直线，双臂贴近躯干，然后撑直手臂（图 4-2）。可通过前后移动双手改变身体与地面夹角以调整动作难度，夹角越大难度越大，夹角越小难度越小。

训练要求：练习时，身体保持一线，两腿伸直并拢；屈臂下沉时，双臂贴近躯干。每组 15～30 次，练习 2～3 组，组间间歇 30～60 秒。

双足悬吊俯卧撑视频

图 4-2　双足悬吊俯卧撑

（三）站姿双手悬吊屈臂胸前拉

训练目的：增强背阔肌、菱形肌、斜方肌、肱二头肌、三角肌后束力量。

动作方法：调整悬吊带手柄环至合适高度，站姿，双手直握悬吊带手柄，身体缓慢后倾，并呈一条直线，两臂胸前伸直拉紧悬吊带，使身体与地面成一定角度。缓慢屈臂将胸部向悬吊带拉近至双手靠近胸部两侧，然后缓慢直臂还原（图 4-3）。可以通过改变身体与地面夹角以增大或降低练习难度，夹角越大难度越小，夹角越小难度越大。

训练要求：练习时，两足固定在地面，屈臂时两臂均匀用力，躯干保持一条直线，配合均匀呼吸。单个动作完成时间 1～2 秒，还原动作时间 2～4 秒，即完成动作与还原动作时间比为 1∶2。每组 15～30 次，练习 2～3 组，组间间歇 30～60 秒。

图 4-3　站姿双手悬吊屈臂胸前拉

（四）站姿双手悬吊屈臂抬肘胸前拉

训练目的：增强背阔肌、菱形肌、斜方肌、肱二头肌、三角肌力量。

动作方法：调整悬吊带手柄至合适高度，双手直握悬吊带手柄，掌心相对，两臂胸前伸直拉紧悬吊带，双足着地直腿支撑，身体后倾至与地面成合适角度。两臂屈肘水平外展至两大臂与肩部呈一条直线，然后缓慢还原至直臂状态（图 4-4）。可通过降低或提高身体重心调整动作难度。

图 4-4　站姿双手悬吊屈臂抬肘胸前拉

训练要求：练习时，保持头部正直，目视斜上方。两足固定在地面，外展时两臂均匀用力，躯干保持一线，配合均匀呼吸，完成动作与还原动作时间比为 1∶2。每组练习 15～30 次，练习 2～3 组，组间间歇 30～60 秒。

（五）站姿双手悬吊直臂飞鸟

训练目的：增强三角肌、冈上肌、胸大肌力量。

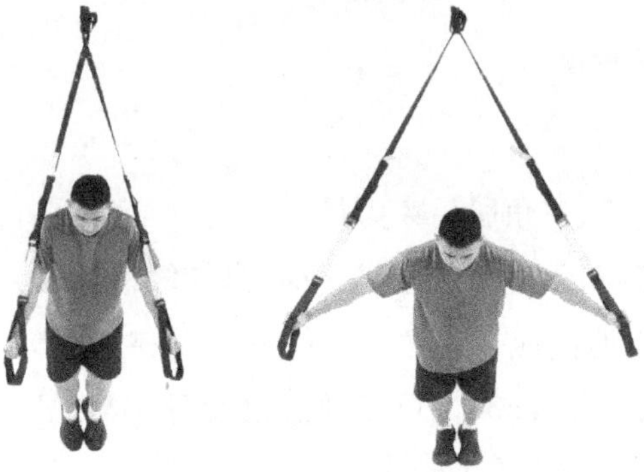

图 4-5 站姿双手悬吊直臂飞鸟

动作方法：调整悬吊带手柄至合适高度，双足并拢，面对悬吊带站立，双手直握悬吊环手柄，掌心相对身体前倾，并保持一条直线，手臂伸直，并使悬吊带绷直。保持躯干和下肢不动，手肘微屈，双臂缓慢扩胸外展，身体下沉至合适高度，然后缓慢还原成初始位置（图 4-5）。可减小身体与地面夹角，以增加难度。

训练要求：练习时，肩部、胸部发力，躯干始终保持固定，两臂肘部微屈，用力均匀，呼吸配合动作节奏。每组 15～30 次，练习 2～3 组，组间间歇 30～60 秒。

（六）站姿双手悬吊过顶屈伸肘

训练目的：增强三角肌、肱三头肌、冈上肌、胸大肌力量。

动作方法：调整悬吊带手柄至合适高度，双足并拢，面向悬吊带站立，双手掌心朝前握持悬吊带手柄，双臂在双耳外侧伸直上举，并越过头顶，肩关节夹角约成 180°，身体前倾约 60°拉紧悬吊带，呈预备姿势。保持肩关节夹角不变，小臂向头后屈肘同时身体前倾，双拳接近肩部，然后伸肘还原成预备姿势（图 4-6）。可增减身体与地面夹角，以调整难度。

训练要求：练习时，肩部、胸部发力，躯干始终保持固定，两臂用力均匀，屈肘动作缓慢，呼吸配合动作节奏。每组 15～30 次，练习 2～3 组，组间间歇 30～60 秒。

图 4-6 站姿双手悬吊过顶屈伸肘

（七）站姿双手悬吊二头肌弯举

训练目的：增强肱二头肌力量。

动作方法：调整悬吊带手柄至合适高度，双足分开站立，与肩同宽，双手掌心朝上握持悬吊带手柄，身体后倾与地面约成60°夹角，拉紧悬吊带。两臂用力屈肘使肩部向手部靠拢，将身体拉起后还原成预备姿势（图4-7）。可增减身体与地面夹角，单臂或双臂弯举以调整难度。

图4-7 站姿双手悬吊二头肌弯举

训练要求：练习时，肩部、背部发力，躯干始终保持固定，两臂屈肘用力均匀，屈肘动作缓慢，呼吸配合动作节奏。每组15～30次，练习2～3组，组间间歇30～60秒。

（八）站姿双手悬吊直臂下拉

训练目的：增强三角肌后束、背阔肌、大圆肌力量。

图4-8 站姿双手悬吊直臂下拉

动作方法：调整悬吊带手柄至合适高度，双足并拢，面对悬吊带站立，双手握持悬吊带手柄，掌心朝下，身体后倒，双臂伸直拉紧悬吊带，臂与躯干夹角90°，双足固定于地面。保持双手掌心向下姿势，双臂直臂同时用力缓慢下拉，直至双手位于身体两侧，然后缓慢还原成初始位置（图4-8）。可增减身体与地面夹角，以调整难度。

训练要求：练习时，肩部、背部发力，躯干始终保持固定，两臂保持直臂状态，且用力均匀，呼吸配合动作节奏。每组15～30次，练习2～3组，组间间歇30～60秒。

（九）双足悬吊平板手撑

训练目的：增强多裂肌、竖脊肌、腹部肌群、股四头肌、肱三头肌、三角肌、胸大肌力量。

动作方法：调整悬吊带环至合适高度，两足并拢，足背套进悬吊带环内，双手位于肩部下方，距离与肩同宽，两臂伸直双手撑地，躯干保持水平，双腿伸直，使身体呈一直线，目视前下方，保持一定时间（图4-9）。

图4-9 双足悬吊平板手撑

训练要求：练习时，躯干与双腿始终保持一条直线，不得塌腰弓背。保持静止30～60秒，练习3组，组间间歇30～60秒。

（十）单足悬吊双肘平板支撑变单肘侧支撑

训练目的：增强多裂肌、股四头肌、腹部肌群、股四头肌、大腿内收肌群、肱三头肌、三角肌、胸大肌力量。

动作方法：调整悬吊带环至合适高度，将一只足足背套进悬吊环，双肘置于肩下方，俯撑于地面上，双腿并拢伸直，身体呈一条直线，核心收紧。非悬吊腿同侧肘部撑地，对侧臂伸直带动身体转动至支撑肘上方后保持一定时间，双腿在练习过程中始终保持并拢伸直（图 4-10）。

训练要求：练习时，保持身体呈一条直线，核心区发力，动作可控，保持静止 30～60 秒，练习 2～3 组，组间间歇 30～60 秒。一侧腿完成练习后调换另一侧腿悬吊，并完成后续练习。

图 4-10　单足悬吊双肘平板支撑变单肘侧支撑

（十一）仰卧双足悬吊臀桥

训练目的：增强半腱肌、半膜肌、股二头肌、臀大肌、臀中肌力量。

动作方法：调整悬吊带环至合适高度，将双足跟挂在悬吊带环上，然后仰卧，手臂置于体侧，使身体呈一条直线。随后，缓慢用力屈膝挺髋，使膝关节成 90°夹角，大腿与躯干成 180°，呈臀桥姿势后保持一定时间（图 4-11）。

训练要求：练习时，躯干挺直，保持发力，两臂支撑用力均匀。屈膝挺髋过程中，两腿保持平行，不能外展，配合均匀呼吸。动作完成后保持臀桥姿势 30～60 秒，练习 2～3 组，组间间歇 30～60 秒。

图 4-11　仰卧双足悬吊臀桥

（十二）双足悬吊双臂支撑反向直腿收腹

训练目的：增强多裂肌、竖脊肌、腹直肌、髂腰肌、三角肌、股四头肌、胸大肌力量。

动作方法：调整悬吊带环至合适高度，两足并拢，足背套进悬吊带环内，双手位于肩部正下方，两臂伸直支撑地面，使身体呈一条直线。确保手臂姿势固定不动，直腿缓慢屈髋收腹至大腿与躯干成 90°夹角，再还原成平板支撑姿势（图 4-12）。此动作可在两肘支撑（肘下可加气垫）条件下完成，以增加难度。

训练要求：练习时，躯干始终发力并保持平直，保持前臂支撑，两腿伸直屈髋收腹，均匀呼吸。每组 15～20 次，练习 2～3 组，组间间歇 30 秒。

双足悬吊双臂支撑反向直腿收腹视频

图 4-12　双足悬吊双臂支撑反向直腿收腹

（十三）双足悬吊双臂支撑转体反向卷腹

训练目的：增强多裂肌、竖脊肌、腹直肌、腹内斜肌、腹外斜肌、三角肌、肱三头肌、股四头肌、胸大肌力量。

动作方法：调整悬吊带手柄至合适高度，两足并拢，足背套进悬吊带环内，双手位于肩部正下方，两臂伸直支撑地面，身体呈一条直线。保持手臂姿势固定不动，缓慢屈膝向身体一侧收髋，大腿向大臂靠拢，到达最大用力位置后恢复预备姿势。随后，再完成身体另一侧动作（图 4-13）。

训练要求：练习时，躯干始终发力并保持良好姿势。保持两臂直臂支撑，均匀呼吸。每组左右各 15～20 次，练习 2～3 组，组间间歇 30 秒。

双足悬吊双臂支撑转体反向卷腹视频

图 4-13　双足悬吊双臂支撑转体反向卷腹

（十四）双足悬吊双臂支撑地面登山

训练目的：增强多裂肌、竖脊肌、腹直肌、髂腰肌、股二头肌、三角肌、胸大肌力量。

动作方法：调整悬吊带手柄至合适高度，两足并拢，足背套进悬吊带环内，双手位于肩部正下方，两臂伸直支撑地面，身体呈一条直线。保持手臂和躯干姿势固定不动，一腿屈膝屈髋，大腿向腹部靠拢至最大幅度后恢复预备姿势（图 4-14），换另一条腿继续完成上述动作。两腿交替完成下肢屈伸的登山动作。

训练要求：练习时，保持直臂支撑，躯干始终保持水平，避免塌腰弓背，配合均匀呼吸。左右腿各完成 15～30 次为一组，练习 2～3 组，组间间歇 30～60 秒。

双足悬吊双臂支撑地面登山视频

图 4-14　双足悬吊双臂支撑地面登山

（十五）仰面单手悬吊引体转

训练目的：增强多裂肌、竖脊肌、腹直肌、腹内斜肌、腹外斜肌、股四头肌、背阔肌的力量。

图 4-15　仰面单手悬吊引体转

动作方法：调整悬吊带手柄至合适高度，面向悬吊带站立，双足与肩同宽，右手握持悬吊带手柄，左手屈肘置于腰后。右臂拉紧悬吊带，屈膝挺髋身体缓慢后倒，至躯干与大腿呈一条直线，右臂与躯干成 90°夹角。保持双足固定不动，悬吊臂用力屈臂，使右胸向右手积极靠拢，同时躯干向右侧转动，使左肩向悬吊带靠拢（图 4-15），至最大用力位置恢复预备姿势。一侧完成若干次后换另一侧继续练习。

训练要求：练习时，目视练习手臂，髋部面向前方固定，下肢可轻微助力，但不可主导发力；引体后，躯干向悬吊侧积极转动。每侧 15～20 次为一组，练习 2～3 组，组间间歇 30～60 秒。

（十六）单足悬吊保加利亚单腿蹲

训练目的：增强股四头肌、臀大肌力量。

动作方法：调整悬吊带手柄至合适高度，单腿支撑，背对悬吊装置站立，将另一腿向后伸使其足背套在悬吊带环内。支撑腿缓慢下蹲，身体重心向斜后下方移动，至膝关节成 90°夹角、躯干与小腿垂直于地面，然后，支撑腿蹬伸直立恢复准备姿势（图 4-16）。两侧腿或交换训练。

训练要求：练习时，躯干保持正直，支撑腿发力，下蹲时膝盖不超过足尖，下蹲至大腿平行于地面，配合均匀呼吸。每侧腿完成 15～30 次为一组，练习 2～3 组，组间间歇 30～60 秒。

单足悬吊保加利亚单腿蹲视频

图 4-16 单足悬吊保加利亚单腿蹲

（十七）双手悬吊手枪式单腿蹲

训练目的：增强股四头肌力量。

动作方法：调整悬吊带手柄至合适高度，面向悬吊带站立，双手掌心相对握持悬吊带手柄，并于胸前拉紧悬吊带，一条腿直腿屈髋至一定角度固定。支撑腿缓慢下蹲至大腿与地面齐平或全蹲位置，然后两手协调用力拉紧悬吊带，支撑腿蹬地起立完成手枪式单腿蹲起立动作，恢复至准备姿势（图 4-17）。

训练要求：练习时，躯干保持正直，以单膝发力为主导，手臂协同配合支撑腿蹲起，下蹲时膝盖不超过足尖，配合均匀呼吸。每侧腿完成 15～30 次为一组，练习 2～3 组，组间间歇 30～60 秒。

双手悬吊手枪式单腿蹲视频

图 4-17 双手悬吊手枪式单腿蹲

（十八）双手悬吊单腿蹲跳

训练目的：增强股四头肌、大腿内收肌群的力量。

图 4-18　双手悬吊单腿蹲跳

动作方法：调整悬吊带环至合适高度，双腿直立，面向悬吊带站立，双手握持悬吊带手柄，屈臂胸前拉紧悬吊带。一条腿（支撑腿）屈膝下蹲，另一条腿（非支撑腿）屈膝后交叉于支撑腿后。随后，支撑腿向侧上方蹬伸跳跃，落地时，非支撑腿着地，屈膝屈髋落地缓冲的同时，原支撑腿屈膝后交叉于现支撑腿后，重复完成单腿深蹲跳跃动作（图 4-18）。

训练要求：练习时，左右腿交替完成支撑蹬伸跳跃动作，蹬伸时下肢爆发式发力，下蹲时支撑腿屈膝屈髋积极缓冲，膝盖不超过足尖，躯干保持挺直，配合均匀呼吸。每侧腿完成 15～30 次为一组，练习 2～3 组，组间间歇 30～60 秒。

（十九）双手悬吊侧弓步蹲起

训练目的：增强股四头肌、大腿内收肌群力量。

双手悬吊侧弓步蹲起-正面视频

双手悬吊侧弓步蹲起-侧面视频

动作方法：调整悬吊带手柄至合适高度，面对悬吊带站立，双手握持悬吊带手柄，屈臂胸前拉紧悬吊带，拳心相对。躯干保持正直，左腿向左侧横跨一步，距离适当。随后，保持双足位置不变，左腿屈膝下蹲至大腿与地面平行位置，同时右腿伸直，臀部后移，随后左腿蹬伸起立，交换重心成右侧弓步（图 4-19）。动作熟练后可在跳跃中完成练习。

图 4-19　双手悬吊侧弓步蹲起

训练要求：练习时，躯干保持挺直，下蹲时身体重心压在侧弓步腿上（即屈膝下蹲一侧腿），同时该侧膝关节不要超过足尖，并与足尖方向一致；另一侧腿伸直，两足距离适度。起立时，侧弓步腿积极蹬伸。每侧腿完成 15～30 次为一组，练习 2～3 组，组间间歇 30～60 秒。

（二十）双手悬吊屈臂支撑高抬腿

训练目的：增强髂腰肌、臀大肌力量，提高下肢高抬及蹬伸能力，改善步频。

动作方法：调整悬吊带手柄至合适高度，面向悬吊带站立，双手握持悬吊带手柄，屈臂于身体两侧固定，拳心紧贴躯干，拉紧悬吊带，身体前倾与地面成合适夹角（约 75°），两腿自

图 4-20 双手悬吊屈臂支撑高抬腿

然分开，与肩同宽，保持两腿伸直，前足掌着地。双腿快速交替做高抬腿动作（图 4-20）。

训练要求：练习时，双臂保持固定，躯干与双腿呈一条直线，足蹬伸有力，整个过程保持足尖勾起状态，落地时前足掌着地，配合呼吸节奏。每侧完成 15～30 次为一组，初次练习以正确完成动作为标准，熟练后以最快的速度完成动作为标准，练习 2～3 组，组间间歇 30～60 秒。

三、悬吊训练注意事项

（一）做好训练前的准备工作

1. 寻找合适场所

室内训练选择坚固能承受人体重量、高度适宜的地方，如暖气管道、门窗、横梁等，便于安装悬吊装备，地面平坦无杂物。室外训练可利用结实的树枝、卡车车厢、坚固的帐篷支架等固定悬吊装备，场地空间适合所选择的训练动作，地面同样要平坦结实无杂物，周边环境也应保证安全。

2. 挑选悬吊装备

建议通过市场购买质量好、能调整长度、能适应不同训练场所的装备，按照说明书正确安装，确保牢固，也可以用背包绳等材料制作悬吊训练装备。

3. 做好热身活动

在进行训练之前要做好全身性热身准备活动，悬吊训练几乎都要用到核心区的肌肉群，因此要特别对这个区域的肌肉群进行激活热身。

（二）选择训练动作

1. 选择适宜的练习动作

本部分列举了 20 个训练动作，涉及上肢、躯干、下肢等主要身体部位。在制订训练方案、选择训练动作时，比较简便的方法是第一天选择手部悬吊的动作，第二天选择下肢悬吊的动作，进行 3 组左右的循环训练。也可以针对上肢、躯干、下肢肌群选择几类动作，进行多组练习，动作分类见表 4-1。

表 4-1 悬吊动作分类

序号	分类	动作图序
1	手部悬吊	图 4-1、图 4-3～图 4-8、图 4-15、图 4-17～图 4-20
2	足部悬吊	图 4-2、图 4-9～图 4-14、图 4-16
3	针对上肢及胸背的训练	图 4-1～图 4-8

续 表

序号	分 类	动作图序
4	针对核心部位的训练	图 4-9～图 4-13
5	针对下肢的训练	图 4-16～图 4-20

2. 选择合适的练习难度

可采用改变站立或俯撑姿势时身体的倾斜程度、调整动作的幅度、单侧或双侧悬吊、身体重心与悬吊支点的相对位置等方法增大或减小练习难度。可由静态支撑动作练习开始，待掌握身体发力和平衡后，再进行动态连续动作练习。练习过程中也应先体会动作全过程的肌肉及平衡感觉，训练水平提高后再进入正常训练。

3. 保持正确的身体姿势

训练过程中，先掌握基础动作，待熟悉装备及动作熟练后，再进行难度动作练习。训练过程中坚持动作由慢到快、由易到难、由单一动作到复合动作的循序渐进提高原则，避免选择超出自己能力的动作。训练动作幅度、难度始终可控，保持躯干稳定，防止动作变形，从而减少损伤的概率，最大限度提高运动效率。

4. 采用合理的呼吸节奏

训练过程中采用合理的呼吸节奏能够提升训练的效果，通常在肌肉向心收缩阶段（动作的发力阶段）呼气，呼气时腹内压、胸内压升高、使核心躯干稳定性提高，有利于动作的完成，而在肌肉离心收缩阶段吸气，如深蹲的下蹲阶段、俯卧撑的下降阶段等。此外，在克服较大重量时可短暂憋气。

（三）训练负荷的确定

1. 训练频率

同一肌肉群隔天练习，每周要进行 2～3 次的训练，尽可能保证锻炼部位训练后最少休息 48 小时。

2. 持续时间

在一次训练课中或锻炼时间内，每个训练动作可重复 3～5 组，每个动作速度及间歇时间以能保证完成当天训练为准。组间间隔 30～60 秒，以便有充足的时间让肌肉再次运动时得到恢复。

3. 训练强度

训练过程可将心率控制在储备心率的 40%～85%。例如，一名训练人员年龄 45 岁，静息心率为 70 次/分，是储备心率的 40%～85%，则其训练过程动用储备心率的范围应为 42～89 次/分[计算方法为(220－45－70)×(40%～85%)]，训练过程中心率控制在 112～159 次/分（计算方法为储备心率动用百分比范围＋静息心率）。可通过调整一组练习时间、组间间歇时间、完成动作的难度进行强度调整。

4. 根据训练阶段选择训练方法

初级阶段为学习动作的过程，多采用重复练习方法，即在保证动作结构正确、练习次数不变的情况下完成每一次练习，选择几个动作后，可逐个逐组依次完成，当掌握正确的动作，能承受一定负荷的疲劳就可以进入下一阶段。强化阶段为提高身体力量、耐力等综合素质阶段，此阶段可采用持续训练法、循环训练法、间歇训练法。如某一个动作尽可能重复最多的次数、组数以提高耐力，5～8 个不同动作串联起来练习规定次数，多组循环以提高心肺耐力。也可在规定单位时间内以最快的速度完成最多的次数，组间间歇心率恢复到 110 次/分左右即可重复下一组，多组重复以提高无氧耐力。总体上可采用同一动作同一负荷每组 8～12 次、重复 3～5 组、组间间歇 30～60 秒的强度。在保持阶段，每周应至少进行 2 次同一身体部位或同一训练目标的训练，以保证训练效果的延续性。

(四) 训练过程中和训练后的注意事项

1. 身体不适应停止练习

训练时，肌肉酸胀为正常现象，但当机体感觉到疼痛或出现心慌、呼吸急促等现象时要立即停止，审视练习动作是否规范，身体是否有伤病隐患，身体能力和训练动作难度是否匹配，训练负荷是否过量，准备活动是否充分等。将所有隐患排除后再循序渐进开始训练。

2. 训练后应注意恢复放松

训练结束后，做好训练部位的恢复放松，可通过拉伸、泡沫轴筋膜梳理、按摩、冷热水浴等方式进行，以加速机体恢复，防止运动损伤，从而保持长期训练的能力。

第二节 沙袋训练

一、沙袋训练简介

沙土是随处可见、便于制作训练工具的材料，只需有一个结实的口袋，装上一定重量的沙土便可制成简易的训练器材。在抗洪抢险救灾、构筑防御工事时，都会用到沙袋。利用接近实训的器材训练，不仅有助于提高基础体能，更有利于提供和职业特点相近的训练方式，适应作训环境，为高质量完成遂行任务打下基础。可在市面上购买合适形状和重量的沙袋进行训练（图 4-21），如圆柱形、扁平形等，这些器材附有把手更便于训练。也可选择米袋、填充的背包作为替代训练工具。

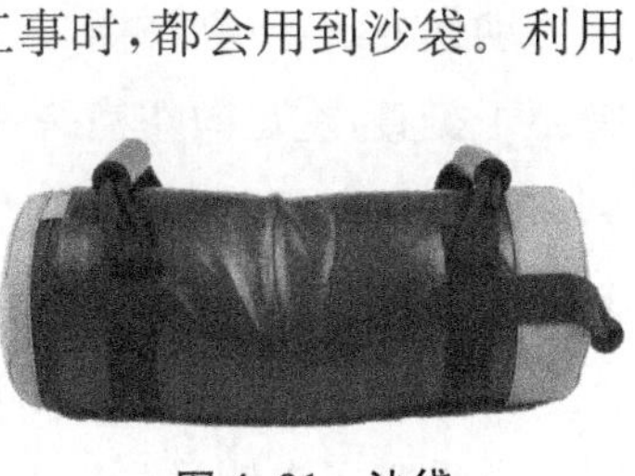

图 4-21 沙袋

训练中沙袋重量可以根据实际训练水平选取。在学习动作和适应阶段，建议选取能完成12～16次动作的沙袋重量；基础训练能力阶段，选取能完成8～12次动作的沙袋重量；进入高级训练阶段，就要根据训练目标需求，选取仅能完成3～5次动作的沙袋重量。调整沙袋重量的原则是随着训练能力的提高而加重沙袋的重量。例如，针对某一重量的沙袋，如果用其练习同一动作时重复的次数不断增加，那么就可以选择更高重量的沙袋进行练习。但无论选择何种负荷重量的沙袋，都要以安全训练、动作质量为前提。此外，进行沙袋训练时，所选择的动作应由单个动作过渡到复合动作，由简单到复杂，由低速到高速，从而循序渐进提高体能水平。

本节列举了常见的沙袋训练动作，供练习者参考选用。

二、沙袋训练动作

（一）抱沙袋深蹲

训练目的：增强股四头肌、腘绳肌、臀部肌群、核心肌群、三角肌前束、肱二头肌力量。

图4-22 抱沙袋深蹲

动作方法：直立站姿，两足与肩同宽，双臂屈肘抱沙袋于胸前，沙袋置于肘部弯曲处，保持躯干挺直，屈髋屈膝下蹲至臀部低于大腿股骨水平位或齐平位置，稍作停顿后蹬地伸膝伸髋起立，恢复至起始姿势(图4-22)。

训练要求：练习时，核心收紧，背部始终挺直，膝关节指向与足尖方向一致，且不超过足尖；动作节奏为慢下快上，即下蹲阶段与蹲起阶段用时比为2∶1，如下蹲阶段用时2秒，蹲起阶段用时1秒，呼吸节奏为下蹲时吸气，蹲起时呼气。完成8～12次动作为一组，练习3～5组，组间间歇60～90秒。

（二）抱沙袋侧弓步蹲起

训练目的：增强股四头肌、腘绳肌、大腿内收肌群、臀部肌群、核心肌群、三角肌前束、肱二头肌力量。

动作方法：直立站姿，两足与肩同宽，双臂屈肘抱沙袋于胸前，沙袋置于肘部弯曲处，保持躯干挺直，左足向左横跨一步，距离适当，落地后保持双足位置不变，身体下蹲重心转移到左腿上呈左侧弓步，至左大腿与地面平行，右腿伸直或微屈膝。随后，左腿蹬伸起立，恢复至直立站姿。向右侧重复此动作(图4-23)。

训练要求：练习时，核心收紧，背部始终挺直，避免出现身体过度前倾或后仰现象；下蹲时身体重心压在侧弓步腿上(即屈膝下蹲一侧腿)，同时该侧膝关节不超过足尖，并与足尖方向一致；另一侧腿伸直或微屈膝；起立时，侧弓步腿积极蹬伸；动作节奏为慢下快上，下蹲阶段与蹲起阶段用时比为2∶1；呼吸节奏为下蹲时吸气，蹲起时呼气。每侧腿重复8～

12 次为一组，练习 3～5 组，组间间歇 60～90 秒。

图 4-23 抱沙袋侧弓步蹲起

（三）肩扛沙袋深蹲

训练目的：增强股四头肌、腘绳肌、臀部肌群、核心肌群力量，提高负重能力。

动作方法：将沙袋置于一侧肩上后保持直立，双足与肩同宽，同侧手臂固定沙袋，另一侧手臂适度外展以维持身体平衡。依照深蹲动作要领完成一次肩扛沙袋深蹲动作后恢复至起始姿势（图 4-24）。可左右肩交替练习。

图 4-24 肩扛沙袋深蹲

训练要求：由于该动作是单侧负重，因此在练习时，需协调肌肉力量抵抗侧屈力，以保持肩部水平，维持身体平衡稳定。此外，练习过程中，腰背始终挺直，膝关节指向与足尖方向一致，且不超过足尖；动作节奏慢下快上，下蹲阶段与蹲起阶段用时比为 2∶1；呼吸节奏为下蹲时吸气，蹲起时呼气。每侧完成 8～12 次为一组，练习 3～5 组，组间间歇 60～90 秒。

（四）肩扛沙袋弓箭步蹲

训练目的：增强股四头肌、腘绳肌、臀部肌群、核心肌群力量，改善髋关节活动度，提升下肢稳定性和跑动、变向能力。

动作方法：两足站立，与肩同宽，两手抱住沙袋一端，并将沙袋扛于右肩。一足向前迈出一步，距离适中，保持腰背挺直，屈膝下蹲，使两腿均屈膝成 90°，前侧大腿与地面平行，后侧大腿垂直于地面，膝关节距离地面约一拳距离，两腿呈弓箭步姿势

图 4-25 肩扛沙袋弓箭步蹲

(图 4-25)。然后还原,交换另一腿继续完成弓箭步动作。

训练要求:练习时,注意协调肌肉力量抵抗侧屈力,以保持肩部水平,维持身体平衡稳定。此外,保持腰背挺直,前侧大腿下蹲至与地面平行位置,膝关节不超过足尖,后侧大腿垂直于地面;动作节奏慢下快上(时间比为 2∶1),呼吸节奏为下蹲时吸气,蹲起时呼气。每侧完成 8～12 次为一组,练习 3～5 组,组间间歇 60～90 秒。

(五) 单侧扛沙袋仰卧起身

训练目的:练习全身力量及提高负重条件下身体体姿变化的控制能力。

动作方法:仰卧于地面上,右腿伸直,左腿屈膝约 90°,足踏于地面,将沙袋扛于左肩,左手固定沙袋,右臂置于地面与身体约成 45°夹角,掌心朝下;右臂、核心部位、左腿协同发力,使上身按照左肩、右肩、腰背的顺序快速挺起离地,形成坐姿肩扛沙袋姿势,并保持腰背挺直;身体稍向右倾,右臂、腰腹、左腿协同发力,将臀部抬离地面,随后迅速将右腿屈膝后撤呈单手单膝支撑跪地姿势;右臂与腰腹协同发力,使手离开地面呈单膝跪地姿势,同时右臂保持侧平举姿势;左腿蹬伸发力,肩扛沙袋起立呈双足平行直立站姿(图 4-26)。按照以上动作的反向顺序,从肩扛沙袋直立站姿恢复至肩扛沙袋仰卧姿势。左右侧可交替练习。

训练要求:练习时,先徒手按照动作步骤进行练习,熟练后再在负重条件下完成;注重动作质量,确保动作慢速可控,各环节动作一气呵成,衔接流畅;随着熟练程度的提高、重复次数的增加,可加重沙袋重量。注意动作节奏与呼吸节奏(见本节"抱沙袋深蹲"动作)。每侧完成 6～8 次为一组,练习 2～4 组,组间间歇 30～60 秒。

图 4-26 单侧扛沙袋仰卧起身

(六) 手提沙袋单腿硬拉

训练目的:增强腘绳肌、臀部肌群及下背部肌肉力量。

动作方法：直立站姿，两足与肩同宽，双手抓握沙袋手柄自然下垂置于体前。保持双臂自然下垂，左腿支撑，膝关节微屈，以左髋为轴，屈髋俯身，右腿伸直向后抬起，至身体和右腿连线几乎与地面平行，保持 3～5 秒。然后右腿下降同时身体直立，恢复至直立站姿（图 4-27）。左右腿可交替支撑完成练习。

训练要求：屈髋俯身过程中，双手持沙袋自然下垂；支撑腿可略微屈膝；腰背始终挺直，并尽可能前倾至与地面平行位置；后腿尽量保持伸直状态，并注意动作节奏与呼吸节奏（见本节“抱沙袋深蹲”动作）。每侧完成 8～12 次为一组，练习 3～5 组，组间间歇 60～90 秒。

图 4-27　手提沙袋单腿硬拉

（七）手提沙袋早安式硬拉

训练目的：增强腘绳肌、臀部肌群、核心肌群、上背部肌肉力量。

动作方法：双足开立，与肩同宽，双手提起沙袋自然下垂置于大腿前侧。膝关节微微弯曲，以髋关节为轴，向后屈髋，臀部后顶，躯干俯身前倾，至上身与地面平行位置或沙袋接近地面后，恢复至起始姿势（图 4-28）。

训练要求：躯干俯身前倾过程中，双手提沙袋自然下垂，腰背始终挺直。完成 8～12 次动作为一组，练习 3～5 组，组间间歇 60～90 秒。

图 4-28　手提沙袋早安式硬拉

（八）弓箭步蹲起沙袋抗旋

训练目的：增强股四头肌、腘绳肌、臀大肌、核心肌群、上肢肌群力量，提高人体抗旋能力，促进人体协同用力能力。

动作方法：双足开立，与肩同宽，手握沙袋两个把手，将沙袋架在胸前。右足向前迈出一步，距离适中，保持腰背挺直，屈膝下蹲至双膝成 90°，呈右弓箭步姿势，同时伸直手臂将沙袋置于右腿膝盖外侧。随后，起身恢复站立姿势，并将沙袋重新架在胸前，然后再迈出左腿呈左弓箭步，将沙袋置于左腿膝盖外侧（图 4-29）。

训练要求：练习时，核心始终收紧，以对抗沙袋下放的冲力；腰背保持挺直，前侧腿膝关节不超过足尖。注意动作节奏与呼吸节奏（见本节"抱沙袋深蹲"动作）。每侧重复 6～8 次为一组，练习 3～5 组，组间间歇 60～90 秒。

图 4-29　弓箭步蹲起沙袋抗旋

（九）双手拎沙袋左右铲沙

训练目的：增强核心肌群与上肢肌群力量。

动作方法：双足开立，与肩同宽，躯干挺直，双手抓住沙袋两侧把手，自然下垂置于体前。先将沙袋悬在左膝外侧，随后模仿左右"铲沙"的动作，躯干微微屈髋并向左转，然后髋部和核心部位发力，将沙袋提起经胸前甩向右膝外侧完成左侧"铲沙"动作，依此动作完成右侧"铲沙"动作，重复练习（图 4-30）。

图 4-30　双手拎沙袋左右铲沙

训练要求：练习时，保持腰腹部始终收紧，防止腰部扭伤；同时在“铲沙”提拉时，应爆发式发力，并注意后续的减速制动。每侧完成 10～15 次为一组，练习 3～5 组，组间间歇 60～90 秒。

（十）坐姿持沙袋俄罗斯转体

训练目的：增强肩部、腹内斜肌和腹外斜肌力量。

动作方法：坐姿屈膝，双足跟着地，并与髋同宽，以维持身体平衡。将沙袋置于身体一侧，两手抓住沙袋两侧手柄，随后用力提起沙袋，躯干向身体另一侧旋转，将沙袋经胸前放于身体另一侧，再反方向重复上述动作（图 4-31）。

训练要求：练习过程中时刻保持核心收紧，搬运沙袋时手臂与核心协同用力，且以核心部位转体发力为主。每侧完成 8～12 次为一组，练习 3～5 组，组间间歇 60～90 秒。

图 4-31　坐姿持沙袋俄罗斯转体

（十一）手持沙袋仰卧起坐

训练目的：增强腰腹、手臂力量。

动作方法：屈膝仰卧于地面，两足分开，与髋同宽，足掌着地，将沙袋置于头顶，两手抓住沙袋两侧手柄。手臂及核心部位协同用力，将沙袋举起的同时身体坐起，并顺势将沙袋置于两腿间，然后再举起沙袋恢复至起始姿势，如此反复（图 4-32）。

训练要求：练习时，由于沙袋经过头顶及面部上方，因此要握牢把手，防止砸伤。此外，不要借助挺髋后下压动作来辅助仰卧起坐动作的完成。完成 8～10 次为一组，练习 3～5 组，组间间歇 60～90 秒。

图 4-32　手持沙袋仰卧起坐

（十二）俯撑交替拉拽沙袋后退

训练目的：增强核心肌群、肩部、肱三头肌、肱二头肌、背阔肌和髋部屈肌力量；掌握伏地战斗体能。

动作方法：伏地做俯卧撑准备姿势，沙袋放在身体前面约一臂距离，两足分开，与肩同宽，核心收紧。伸左手抓住沙袋拖向胸部下方，然后身体向后爬几步至沙袋距离身体一臂远，另一手臂向后拖拽沙袋继续重复上述动作，完成规定距离（图 4-33）。

训练要求：练习过程中，身体始终保持水平，不弓背，不塌腰。完成 10～20 次为一组，练习 3～5 组，组间间歇 60～90 秒。

图 4-33　俯撑交替拉拽沙袋后退

（十三）沙袋过顶换肩举

训练目的：增强上举力量，提高适应体育运动和生活劳作能力，掌握肩扛重物换肩技能。

动作方法：直立站姿，双足与肩同宽，将沙袋置于一侧肩上，双手托住沙袋中部。双手将沙袋举过头顶并换到另一侧肩上（图 4-34），如此反复。

训练要求：练习时，背部始终保持挺直；推举沙袋时，手臂肘关节不要锁死，举至头顶上方后再换肩，体现动作的完整性。同时注意动作节奏，推举阶段与下放阶段用时比为 1∶2；还需注意呼吸节奏，推举阶段呼气，下放阶段吸气。上举落肩为完成一次动作，完成 8～12 次为一组，练习 3～5 组，组间间歇 60～60 秒。

图 4-34　沙袋过顶换肩举

（十四）沙袋仰卧胸前推举

训练目的：增强胸肌、肱三头肌力量。

动作方法：屈膝仰卧于地面，两足分开，与肩同宽，足掌着地，手持沙袋两端并置于胸前，将沙袋推离胸部至直臂（图 4-35），然后缓慢屈臂恢复至起始动作。

训练要求：由于该动作中沙袋位于胸部上方，因此整个练习过程应抓紧沙袋，防止脱手砸伤。此外，要有控制地完成该动作，防止前后晃动及左右不平衡；注意动作节奏，下降阶段与推举阶段用时比为 2∶1；还需注意呼吸节奏，下降阶段吸气，推举阶段呼气。完成 8～12 次为一组，练习 3～5 组，组间间歇 60～90 秒。

图 4-35 沙袋仰卧胸前推举

（十五）站姿窄握距提拉沙袋

训练目的：增强斜方肌、三角肌、冈上肌、肱二头肌力量。

动作方法：直立站姿，双足与肩同宽，双手同时抓住沙袋一侧手柄，将沙袋竖直自然悬垂于体前。肘部外展，向上提拉小臂将沙袋向上提起，至肩关节最大外展幅度，保持肩关节稳定不晃动，然后慢慢放下，重复下一次动作（图 4-36）。

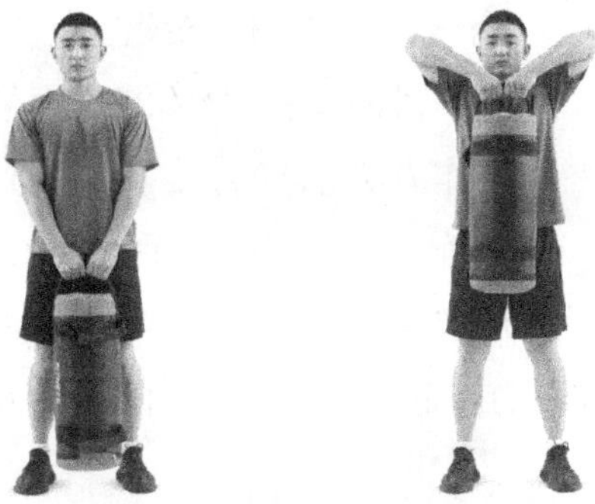

图 4-36 站姿窄握距提拉沙袋

训练要求：练习时，注意将沙袋沿身体向上提起；同时注意动作节奏，提拉阶段与下放阶段用时比为 1∶2；还需注意呼吸节奏，提拉阶段呼气，下放阶段吸气。重复 8～12 次为一组，练习 3～5 组，组间间歇 60～90 秒。

（十六）沙袋抓举

训练目的：提高身体协同用力能力、全身性爆发力。

动作方法：将沙袋置于足前，双足开立，与肩同宽，屈膝屈髋下蹲至双手能够抓住沙袋手柄位置，并紧紧抓住沙袋手柄，保持腰背部挺直；保持躯干姿势不变，积极伸膝，将沙袋沿身体拉起；当沙袋沿小腿并绕过膝关节至大腿位置处时，迅速爆发式蹬地、提踵、挺髋、抬肘，使身体完全伸展，并将沙袋提拉至最高点；随后迅速下蹲至沙袋下方呈半蹲位，将沙袋经胸前翻转至头顶上方，同时保持手臂完全伸直支撑沙袋；待身体稳定后再直立站起。下放沙袋时，先将沙袋绕过头顶经胸前放于大腿上（注意屈膝屈髋缓冲），再将沙袋由大腿置于地上(图 4-37)。重复完成规定次数。

训练要求:练习时,下蹲过程中膝关节不要超过足尖,先充分伸髋,然后再抬肘提拉;下蹲翻沙袋动作要迅速,支撑沙袋时要锁肩;如果在抓举沙袋过程中出现失误或无力完成该动作时,应迅速将沙袋向前或向后抛开,防止受伤。重复 6～8 次为一组,练习 2～4 组,组间间歇 3 分钟。

图 4-37 沙袋抓举

(十七) 沙袋胸前搬运

训练目的:增强身体综合力量,提高物资搬运能力。

动作方法:直立站姿,双足与肩同宽,将沙袋置于胸前,屈臂抱住沙袋行走(图 4-38)。

训练要求:练习时,手臂持续用力,保持核心收紧,避免身体过度后仰。根据训练目标、任务需求确定时间或距离;沙袋重量选取适当,根据能力有序调整。抱沙袋行进 15～30 m 为一组,完成 2～3 组,组间间歇 60～90 秒。

图 4-38 沙袋胸前搬运

(十八) 沙袋前抛

训练目的:促进身体协调发力,提高力量有效输出能力;增强下肢髋、膝、踝关节蹬伸及上肢推的爆发力。

动作方法：双手抓握沙袋两侧手柄，置于胸前，两足略宽于肩，呈半蹲姿势，腰背部收紧挺直。随后，迅速蹬地，并积极伸展踝、膝、髋关节，待下肢及躯干充分伸展开后，双臂将沙袋从胸前抛出去(图 4-39)。

训练要求：练习时，身体各关节有序、协同发力；每组 8～10 次，练习 2～3 组，组间间歇 3 分钟；可用抛出的远度来测量练习者的训练效果。

图 4-39 沙袋前抛

(十九) 双人沙袋抛接

训练目的：增强全身性爆发力，提高同伴之间共同完成任务的协同性和默契性。

动作方法：两人面对面站立，距离 1～2 m；第一名练习者双手抓握沙袋两侧手柄，并将其置于胸前，双足开立，与肩同宽，并屈膝下蹲至半蹲位，腰背挺直；随后，迅速蹬地，伸展全身，将沙袋抛给同伴；同伴伸出双臂接住沙袋，并迅速将沙袋拉向自己，同时屈膝下蹲缓冲沙袋惯性(图 4-40)；第二名练习者照此法抛还沙袋，如此反复。

图 4-40 双人沙袋抛接

训练要求：两名练习者距离适当，抛接姿势正确，力度适中；练习者在接住沙袋后一定要屈膝下蹲缓冲，防止砸伤；根据能力水平练习一定的次数。每人每组 8～10 次，练习 2～3 组，组间间歇 60～90 秒。

三、沙袋训练注意事项

（一）做好训练前的准备

1. 寻找合适场所

室内训练选择坚固、平坦、无杂物的场地，根据场地大小选择训练内容和方式。场地小可做原地即能完成的单个动作，场地足够大则可加入一些奔跑的训练内容。在室外训练时，地面同样要平坦、结实、无杂物，周边环境也应保证安全。

2. 挑选沙袋装备

建议通过市场购买质量好，有提手，填充物柔软、无硬物的沙袋，根据训练需求购买不同形状、重量的沙袋。如果贴近实战，也可自制符合训练任务要求的沙袋进行训练。

3. 做好热身活动

在进行训练之前要做好全身性的热身准备活动，包括提高身体温度、加速血液循环、激发自主神经兴奋性的慢跑、动态拉伸和模仿训练动作的专项活动。

（二）选择训练动作

1. 选择适宜的训练动作

本部分列举了 19 个训练动作，有涉及上肢、躯干、下肢身体部位的单个动作，也有提高装卸、搬运等贴近职业要求的复合动作。在训练动作和训练方式选择上主要根据训练场地状况和训练要求。基础力量训练，可选择针对身体各部位肌群的动作和一些复合动作。欲提高搬运能力可选择不同姿势负重跑的练习。

2. 选择合适的训练难度

利用沙袋进行训练的开始阶段，如果练习者身体素质比较弱，可采用半程动作、减慢完成速度的方式来降低动作难度；如果练习者身体素质比较强，则可在保证动作结构正确的基础上加大动作幅度、加快动作速度以增加动作难度。

3. 保持正确的姿势

各训练动作均应保持躯干稳定，注意强化训练基本动作模式，防止动作变形，减少因动作质量不高引发的损伤。

4. 采用合理的呼吸节奏

训练过程中采用合理的呼吸节奏能够提升训练的效果，通常在肌肉向心收缩阶段（动作的发力阶段）时呼气（呼气时腹内压、胸内压升高，使核心躯干稳定性提高，有利于动作的完成），而在肌肉离心收缩阶段（如深蹲的下蹲阶段，俯卧撑的下降阶段等）吸气。此外，在克服较大重量时可短暂憋气。

训练负荷的确定、训练过程中和训练后的注意事项请参考上节内容。

第三节 弹药箱训练

一、弹药箱训练简介

与沙袋训练类似，利用弹药箱进行体能训练也同样需要就地取材、适应特殊环境训练的需求。在日常体能训练中，练就强健体能的目的是为完成作训任务打下基础，因此这种与职业密切相关的身体能力，必须与作训任务关联起来。

弹药箱的材质、体积和规格较多，不同作训单位可能有不同类型的弹药箱。从体能训练角度来看，应选用那些体积、重量适中，结实耐用的弹药箱，表面不是特别粗糙，箱体各角为圆形，避免对人体造成伤害，更有利于安全高效组织体能训练。就适应自身岗位职能而言，尽量使用贴近实训的训练工具，可选取木质、钢制或塑料等材质的弹药箱，以满足自身工作特点对身体状态的要求，提高完成遂行任务的能力。

弹药箱器材基本的要求是结实、安全，能确保完成相应训练。本部分图中动作模特所采用的弹药箱为市面上出售专门用于体能训练的塑料材质弹药箱。

弹药箱训练内容和负荷的确定应遵循如下原则：一是提高基础力量。配置合适重量的弹药箱，利用推、拉、举、蹲等动作，提高身体各部分肌群的肌肉耐力，在适宜负荷下，每组练习力竭次数应达到 16 次以上。二是动作练习应由易到难。开始训练先练习单个动作，熟练后可以以合理的方式衔接更多的动作。重量配置逐渐增加，运动距离也逐渐延长。三是务必做好训练前的准备活动和训练后的恢复放松。

二、弹药箱训练动作

（一）手扶弹药箱双肩下沉俯卧撑

训练目的：增强胸大肌、胸小肌、前锯肌、三角肌前束及肱三头肌力量。

动作方法：将两只弹药箱立在地面上（根据练习难度可选择弹药箱立起的高度），间距略比肩宽。练习者俯身双手撑在弹药箱上，双足并拢，足尖着地，保持背部平直，腹部和臀部收紧，身体呈一条直线，呈俯卧撑准备姿势。屈臂肩下沉至胸部位于弹药箱水平面以下，两肘贴近肋部；然后快速推起身体，恢复至起始姿势为完成 1 次（图 4-41）。

训练要求：动作过程保持挺胸直背，身体不要晃动，腹部收紧，不要塌腰或翘臀；注意动作节奏，下降阶段与推起阶段用时比为 2 ∶ 1；呼吸节奏为下降阶段吸气，推起阶段呼气。

完成10～12次为一组，练习3～5组，组间间歇30～60秒。

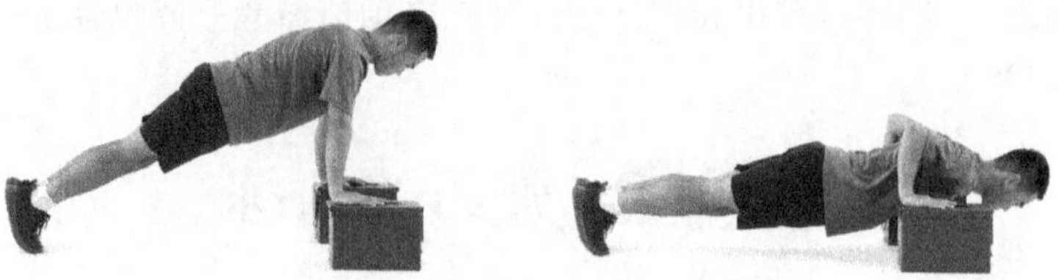

图4-41　扶弹药箱双肩下沉俯卧撑

（二）站姿双手持弹药箱肩上推举

训练目的：增强上肢推举力量。

图4-42　站姿双手持弹药箱肩上推举

动作方法：直立站姿，两足开立，与肩同宽，双手托住弹药箱两侧底端，抬手屈肘将弹药箱举在面前。然后双臂发力，将弹药箱竖直推举至头顶上方，手臂伸直。下放弹药箱恢复至起始姿势（图4-42）。

训练要求：练习过程中，核心始终收紧，腰背挺直，身体不要晃动；两臂上举时肘关节不要锁死。注意头部与弹药箱之间的距离应适当，防止碰伤、砸伤。动作节奏慢下快上，下放阶段与推举阶段用时比为2∶1；呼吸节奏为下放阶段吸气，推举阶段呼气。完成8～12次为一组，练习3～5组，组间间歇60～90秒。

（三）站姿双臂提拉弹药箱俯身划船

训练目的：增强背部及上肢力量。

动作方法：站姿，微屈膝，屈髋躯干前倾，保持核心收紧、背部平直。两手抓握弹药箱提手自然下垂置于体侧，作为起始姿势。屈臂抬肘时，将弹药箱沿体侧竖直向上提至腹部高度，至最大用力姿势后恢复至起始姿势为一组（图4-43）。

训练要求：完成动作过程中，背部始终挺直，核心收紧，头颈保持正直；上提过程，肘部尽量贴近身体；动作节奏慢下快上，下放阶段与提拉阶段用时比为2∶1；呼吸节奏为下放阶段吸气，提拉阶段呼气。完成8～12次为一组，练习3～5组，组间间歇60～90秒。

图4-43　站姿双臂提拉弹药箱俯身划船

(四) 手持弹药箱深蹲

训练目的：增强下肢力量及臀肌力量，提高负重搬运物资能力。

动作方法：直立站姿，双足与肩同宽，双手持弹药箱置于胸前；保持躯干挺直，屈髋屈膝下蹲至大腿与地面平行或低于水平面，稍作停顿后蹬地伸膝伸髋起立，恢复至起始姿势(图 4-44)。

图 4-44　手持弹药箱深蹲

训练要求：动作过程中，核心收紧，背部始终挺直；膝关节指向与足尖方向一致，且不超过足尖；动作节奏慢下快上，下蹲阶段与蹲起阶段用时比为 2∶1；呼吸节奏为下蹲阶段吸气，蹲起阶段呼气。完成 8～12 次为一组，练习 3～5 组，组间间歇 60～90 秒。

(五) 手提弹药箱弓步蹲起

训练目的：增强下肢力量。

动作方法：直立站姿，两足与肩同宽，两手各提一个弹药箱，自然下垂置于体侧，左足向前迈出一步，距离适中，保持腰背挺直，屈膝下蹲至左侧大腿与地面平行，两腿膝关节角度约为 90°，左腿与躯干夹角约为 90°，躯干与右侧大腿呈一条直线并垂直于地面(图 4-45)。

图 4-45　手提弹药箱弓步蹲起

训练要求：练习时，保持腰背部始终平直，下蹲时，前侧膝关节指向与足尖方向一致，且不超过足尖，后侧膝关节距离地面约一拳距离；动作节奏慢下快上，下蹲阶段与蹲起阶段用时比为 2∶1；呼吸节奏为下蹲阶段吸气，蹲起阶段呼气。每侧完成 8～12 次为一组，练习 3～5 组，组间间歇 60～90 秒。

(六) 弹药箱上肩、下肩

训练目的：提高单手提拉能力，掌握物资上肩动作，为增强力量和提高物资搬运能力打下基础。

动作方法：双足开立，与肩同宽，站在弹药箱前，屈膝下蹲，右手抓住弹药箱提手，腿部、腰部、手臂协同用力提拉弹药箱使其离开地面，随后借助惯性屈臂，使弹药箱到达髋部，此时左手托住弹药箱底部，两臂协同用力将弹药箱放在左肩，然后左手从外侧托住弹药箱并将其固定(图 4-46)。放下弹药箱时，按相反步骤将其放在地面。

训练要求：练习过程中保持核心收紧，脊椎保持正直，提拉、托举弹药箱时应尽量贴近身体。左右肩各完成 8～10 次为一组，练习 3～5 组，组间间歇 60～90 秒。

图 4-46　弹药箱上肩、下肩

（七）弹药箱上背、下背

训练目的：提高全身协同用力能力和全身力量；掌握物资搬运动作，提高搬运能力。

动作方法：双足开立，与肩同宽，站在弹药箱前，屈膝下蹲，双手抱住弹药箱两侧。随后腿部、腰部、手臂协同用力将弹药箱搬离地面，当到达接近胸部时，双手翻转变为肘部朝下托住弹药箱，然后将其举过头顶放在上背部，同时双手在头后固定弹药箱（图 4-47）。卸下弹药箱时，按相反步骤将其放在地面。

训练要求：练习过程中，保持核心收紧，脊椎保持正直，提拉弹药箱时应尽量贴近身体。每组 6～8 次，练习 3～5 组，组间间歇 60～90 秒。

图 4-47　弹药箱上背、下背

（八）站姿双手提弹药箱前后甩摆

训练目的：增强臀大肌、腘绳肌、竖脊肌、三角肌力量，提高全身性爆发力。

动作方法：双足开立，与肩同宽，屈膝半蹲，双手抓握弹药箱提手。随后保持背部平直，髋部后屈，双臂先将弹药箱向后甩摆至胯下，然后再双足用力蹬地并积极伸髋使身体向上运动，同时两臂借助惯性将弹药箱摆起至与躯干接近 90°夹角时制动，惯性消失后，屈膝半蹲弹药箱随之下落至胯下（图 4-48）。依次重复动作。

训练要求：练习时，背部始终挺直，核心收紧；蹬地伸髋时，力量应集中向上，同时足跟可随惯性抬离地面；避免过度挺髋，以防后仰摔倒。此外，前摆过程，弹药箱借助蹬地伸髋的力量实现向上移动，手臂略微发力或不发力；下摆过程，腰腹、下肢积极缓冲制动，防止拉伤。每组完成 10～15 次，练习 3～5 组，组间间歇 30～60 秒。

图 4-48　站姿双手提弹药箱前后甩摆

（九）弹药箱拖拽跑

训练目的：增强全身力量，提高拖拽重物快跑的能力。

动作方法：弹药箱放倒在地面上，将背包绳绑在弹药箱侧面的提手上，另一端握在练习者手里。随后练习者身体前倾用力拉动弹药箱以适当速度向前跑进。持绳手臂贴紧躯干，另一手屈臂配合腿摆动（图 4-49）。按规定距离完成练习。此外，如需增加练习难度，可提高弹药箱重量或双手各拖拽一只弹药箱。

训练要求：步幅适中，臂腿协同摆动，突出向后蹬伸力量，背包绳保持紧绷状态，减速时防止弹药箱撞击足。建议跑 20～30 m 为一组，完成 2～3 组，组间间歇 60～90 秒。

图 4-49　弹药箱拖拽跑

（十）手提弹药箱跑

训练目的：增强全身力量和奔跑能力，提高快速搬运物资的能力。

动作方法:直立站姿,两足与肩同宽,两手各提一只弹药箱,自然下垂置于体侧。随后练习者以适当速度向前跑进,跑完规定时间、路线及距离后停止(图 4-50)。

训练要求:练习时,维持好身体平衡,背部挺直,核心收紧,步幅适中,步频稍快。根据实际,完成规定时间距离、路线的练习。建议跑 20～30 m 为一组,完成 2～3 组,组间间歇 60～90 秒。

图 4-50　手提弹药箱跑

(十一) 单臂抱弹药箱跑

训练目的:增强全身力量和奔跑能力,提高单臂携带物资及快速搬运能力。

动作方法:直立站姿,两足与肩同宽,单臂将弹药箱抱于肋下。随后练习者以适当速度向前跑进,同时另一只手协助固定或跑进时配合下肢摆动以维持身体平衡。跑完规定时间、距离、路线后停止(图 4-51)。一侧完成练习任务后换另一侧继续练习。

训练要求:练习时,控制重心保持稳定,步幅适中步频稍快;背部挺直,核心收紧,按实际要求的距离和路线完成练习。建议跑 20～30 m 为一组,完成 2～3 组,组间间歇 60～90 秒。

图 4-51　单臂抱弹药箱跑

(十二) 肩扛弹药箱跑

训练目的:增强全身力量和奔跑能力,提高肩扛负重搬运物资的能力。

动作方法:直立站姿,两足与肩同宽,右(左)手臂环抱弹药箱并将其置于右(左)肩上,随后练习者以适当速度向前跑进，同时左(右)手协助手扶弹药箱或在跑动时配合下肢摆动以维持身体平衡(图 4-52)。

训练要求：练习时，重心稳定，身体保持平衡，速度适中，步频稍快。按实际要求的路线和距离跑进。建议跑 20～30 m 为一组，完成 2～3 组，组间间歇 60～90 秒。

图 4-52 肩扛弹药箱跑

(十三) 胸前搬运式装卸弹药箱行走

训练目的：提高身体协同用力能力，增强装卸物资力量。

动作方法：将弹药箱置于足前，双足开立，与肩同宽，保持背部平直。屈膝屈髋下蹲，双手抱住弹药箱两侧。随后，腿部、腰部、手臂协同用力将弹药箱搬离地面，当弹药箱接近胸部时，双手上翻变为肘部朝下并托住弹药箱前侧或前下侧，同时将弹药箱拉向身体，使之紧贴胸部，此时身体为直立站姿。然后练习者以适当速度向前行进，并按指定路线、距离、速度完成练习(图 4-53)。

训练要求：练习时，核心收紧，重心保持稳定，腰背挺直。弹药箱重量适宜，按实际要求的路线和距离行走，如需增加练习难度，可以适当速度进行跑动。建议走 20～30 m 为一组，完成 2～3 组，组间间歇 60～90 秒。

图 4-53 胸前搬运式装卸弹药箱行走

(十四) 持弹药箱深蹲接过顶推举

训练目的：增强下肢及上肢力量，提高全身协同用力能力。

动作方法：直立站姿，双足与肩同宽，两手握弹药箱两端手柄并将其置于胸前。保持腰背挺直，先屈膝深蹲至大腿与地面平行，然后迅速蹬地伸髋站起，双臂借助下肢蹬伸力量将弹药箱举过头顶。随后将弹药箱下放，恢复至起始姿势（图 4-54）。如此反复。

训练要求：练习时，保持挺胸直背，腹部收紧；下蹲时重心保持在足跟，膝关节不要超过足尖或内扣，推举过程保持肩胛骨内收。该动作为全身性爆发力动作，在推举时速度越快越好。呼吸节奏为推举时呼气，下放时吸气。完成 8～12 次为一组，练习 3～5 组，组间间歇 60～90 秒。

图 4-54　持弹药箱深蹲接过顶推举

（十五）持弹药箱弓箭步蹲接过顶推举

训练目的：增强上肢推、髋屈及下肢力量，提高全身协同用力能力及控制力。

图 4-55　持弹药箱弓箭步蹲接过顶推举

动作方法：直立站姿，两足与肩同宽，双手将弹药箱托举在胸前，左足向前迈出一步呈弓箭步蹲，两腿膝关节均成 90°夹角，前小腿垂直于地面，后小腿接近与地面平行，同时将弹药箱举过头顶。随后左足用力蹬地起身，恢复站立姿势，同时双手下放弹药箱并将其托举在胸前，然后换右腿继续重复练习（图 4-55）。

训练要求：练习时，背部始终挺直，核心收紧，注意保持动作过程中的稳定性。下蹲时，前侧膝关节指向与足尖方向一致且不超过足尖，后侧膝关节离地面约一拳距离。每侧完成 12～15 次为一组，练习 3～5 组，组间间歇 60～90 秒。

（十六）原地侧身装卸弹药箱

训练目的：增强上肢举、下肢蹲及躯干扭转力量，提高侧身装卸物资的能力。

动作方法：侧向站立在高台或车厢前，（向右）旋转上体接过弹药箱并在胸前平移，向装卸台或车厢方向（向左）旋转躯干，根据装卸台的高度适当屈膝下蹲放置弹药箱（图 4-56）。此动作弹药箱由高向低为卸载动作，本练习也可变为弹药箱由低向高搬运，此时为装载动作。

训练要求：练习时，重心稳定，核心收紧，背部挺直，速度节奏适中。每侧完成 8～10 次为一组，练习 3～5 组，组间间歇 30～60 秒。

图 4-56 原地侧身装卸弹药箱

（十七）拿起-转身-搬运-推举弹药箱

训练目的：提高身体协调用力的能力及全身力量，增强装载、卸装物资力量。

动作方法：双足开立，与肩同宽，面向弹药箱站立，保持背部挺直，根据弹药箱高度，适当屈膝下蹲，双手将弹药箱从地面拿起，当弹药箱接近胸部时，双手上翻变提拉手型为托举手型(即位于弹药箱底部及侧面的手掌及手指指向由向下、向前转为向上，此动作对于向更高处推举弹药箱有利，能更大程度利用臂部、胸部力量，减少手腕压力及受伤概率)，随后转身，走至高台或车厢前将弹药箱向前、上推举，并放置在高台或车厢上(图 4-57)。此过程可以逆向训练。

训练要求：练习过程中重心移动平稳，核心稳定，背部挺直。完成 8～10 次为一组，练习 3～5 组，组间间歇 30～60 秒。

图 4-57 拿起-转身-搬运-推举弹药箱

三、弹药箱训练注意事项

（一）做好训练前的准备

1. 寻找合适场所

室内训练选择坚固、平坦、无杂物的场地，根据场地大小选择合适的训练内容和方式。场地小可做原地即能完成的单个动作，场地足够大则可加入一些奔跑的训练内容。在室外训练时，地面同样要平坦、结实、无杂物，周边环境也应保证安全。

2. 挑选训练装备

可搜集本单位用于训练的弹药箱，外观完整、没有安全隐患，最好有提手，根据训练目的、要求和受训人员体能水平填充适当的重量。

3. 做好热身活动

在进行训练之前要做好全身性的热身准备活动，包括提高身体温度、激发自主神经兴奋性的慢跑、动态拉伸和模仿训练动作的专项活动。

（二）选择训练动作

本部分列举了 17 个训练动作，有涉及上肢、躯干、下肢身体部位的单个动作，也有提高装卸、搬运等贴近职业要求的复合动作。在训练动作和训练方式的选择上主要依据训练场地状况和训练要求。基础力量训练，可选择针对身体各部位肌群的动作和一些复合动作。欲提高搬运能力，可选择不同姿势负重跑的练习。

第四节 轮胎训练

一、轮胎训练简介

利用机车废旧轮胎进行体能训练，从器材成本上来说相对低廉而且耐用。一些单位有废旧淘汰的轮胎，去掉轮毂后经过简单加工就可以当作训练器材，不用刻意养护。从训练效果来说，轮胎训练比健身房的训练，更能适应和接近实际职业训练和劳作环境。轮胎的型号众多，不同的直径和重量能满足不同体能训练水平人员的需求。

轮胎尺寸不同重量也不一样，普通轿车和运动型多用途汽车（SUV）轮胎（去掉轮毂）一般重 5～9 kg，大型作业机车的轮胎尺寸和重量更大些，其重量在 55～100 kg（以下简称大型轮胎）。废旧轮胎用于体能训练的轮胎型号多样，重量可以根据训练目的、体能训练水平进行选择。作为训练器材，尽量收集不同尺寸、重量的轮胎，可以用于不同动作及目的的训练。

利用轮胎训练，对练习者的身体条件要求更高。一是有比较强的体能训练基础，应当掌握硬拉、卧推、上举、深蹲等力量练习的方式；二是做好挑战身体极限的准备。但对于刚接触利用轮胎训练的练习者来说，要从轮胎重量较轻、较简单的动作开始。

二、轮胎训练动作

（一）手持轮胎头部绕环

训练目的：提高肩带力量和肩关节灵活性，同时促进胸椎的伸展。

动作方法：双足开立，与肩同宽，双手持轮胎置于胸前，轮胎平行于躯干，并略高于头顶。随后，双手持轮胎使其绕头部顺时针或逆时针转动（图 4-58）。如此反复，完成规定次数。

图 4-58　手持轮胎头部绕环

训练要求：练习时，核心收紧，躯干挺直，轮胎环绕身体距离适当，绕头速度适中，防止触碰头部；随着轮胎的运行轨迹收紧肩胛骨；顺时针、逆时针各旋转 8～12 圈为一组，练习 3～5 组，组间间歇 60～90 秒。

（二）轮胎卧推

训练目的：增强胸大肌、肱三头肌、三角肌前束力量。

动作方法：本练习采用大型轮胎，并将轮胎立于地面上。练习者仰卧位，将双腿伸进轮胎内，随后同伴协助将轮胎倾斜向练习者，练习者双手直臂撑住轮胎，作为起始姿势。然后，练习者屈肘下放轮胎，使其贴近胸部，稍作停顿后，快速推起轮胎，回到起始姿势（图 4-59）。如此反复，完成规定次数。

训练要求：须有同伴协助练习，保证训练安全。此外，屈臂动作要慢，推举动作要快，两阶段用时比为 2∶1；呼吸节奏为屈臂阶段时吸气，推举阶段时呼气。完成 8～12 次为一组，练习 3～5 组，组间间歇 60～90 秒。

图 4-59　轮胎卧推

（三）轮胎硬拉

训练目的：增强腘绳肌、臀部肌群、核心肌群、上背部肌群力量。

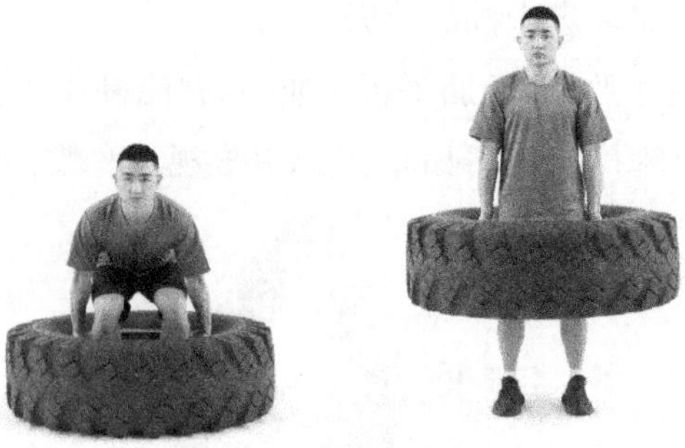

图 4-60　轮胎硬拉

动作方法：本练习采用大型轮胎，并将轮胎横放于地面上。练习者双足开立，与肩同宽，站于轮胎中孔内。随后保持背部平直，屈膝屈髋下蹲，双手反握轮胎内沿，作为起始姿势。然后，保持双臂伸直，腰背挺直，伸膝伸髋发力将轮胎拉起，稍作停顿后，再次屈膝屈髋，将轮胎置放于地面（图 4-60）。如此反复，完成规定次数。

训练要求：练习时，保持腰背挺直，两肩后张，肩胛骨内收；下蹲过程中，保持双膝与足尖方向一致。此外，动作节奏慢下快上，下蹲阶段与蹲起阶段用时比为 2∶1；呼吸节奏为下蹲时吸气，蹲起时呼气。完成 8～12 次为一组，练习 3～5 组，组间间歇 60～90 秒。

（四）仰卧蹬伸轮胎

训练目的：增强股四头肌、臀大肌力量。

动作方法：本练习采用大型轮胎，并将轮胎立于地面上。练习者仰卧位，双臂置于身体两侧，臀部离轮胎距离适度，随后同伴协助放倒轮胎，练习者双腿上举至合适高度，双足踩在轮胎上缘，距离与肩同宽。然后，屈膝屈髋使轮胎倒向身体，至大腿贴近胸部位置后，再伸膝伸髋蹬直双腿，恢复至起始姿势（图 4-61）。如此反复，完成规定次数。

训练要求：练习时，需同伴协助放倒和竖起轮胎以保证安全；动作节奏慢下快上，但要注意蹬伸阶段不要用力过猛，以免将轮胎蹬倒；呼吸节奏为下放阶段吸气，蹬伸阶段呼气。完成 8～12 次为一组，练习 3～5 组，组间间歇 60～90 秒。

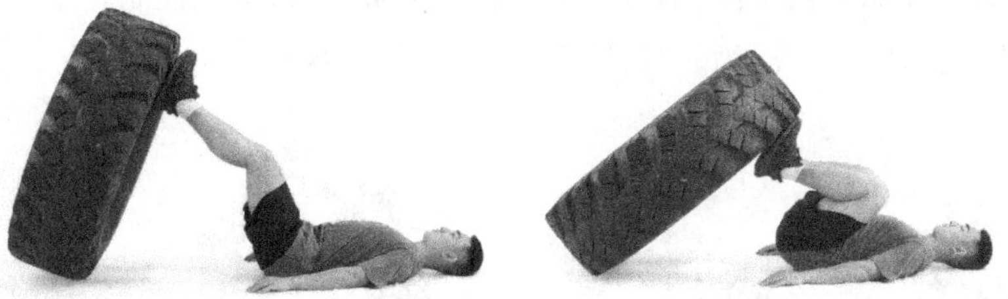

图 4-61　仰卧蹬伸轮胎

（五）轮胎滚动下肢蹬伸

训练目的：提高全身协调性和下肢爆发力。

动作方法：本练习采用大型轮胎，并将轮胎立于地面上。练习者站在滚动胎面一侧，双手扶在轮胎两侧，胸部贴紧胎面，双足站立于轮胎两侧，站距宽于轮胎（防止在后续的半蹲动作中轮胎碰到膝盖）。随后，双腿屈膝半蹲，手部带动轮胎随半蹲向身体方向滚动。然后，用力蹬伸跳起，身体随轮胎滚动跳离地面，落回地面时屈膝缓冲，轮胎回到原来位置（图 4-62）。如此反复，完成规定次数。

训练要求：练习时，维持身体平衡，不要失去重心。先练习蹲起，和轮胎转动协同后，再增加动作幅度。训练过程中同伴应协助训练，以保证安全。完成 10～15 次为一组，练习 3～5 组，组间间歇 30～90 秒。

图 4-62　轮胎滚动下肢蹬伸

（六）翻转轮胎

训练目的：增强爆发力、力量耐力、全身肌肉的协调能力，以及乳酸代谢的能力。

动作方法：本练习采用大型轮胎，并将轮胎横放于地面上。练习者面向轮胎站立，距离适当，双足略比肩宽，呈外“八”形。随后，屈膝屈髋下蹲，保持腰背挺直，双臂位于大腿内侧，同时双手掌心朝前，反手抓住轮胎的下缘，作为起始姿势。然后，下肢用力蹬伸，将轮胎迅速抬起，待将轮胎上抬至大约髋部位置处时，双手迅速变为手指朝上，此时臀部与上肢协同发力，全力将轮胎朝对面推倒（图 4-63）。如此反复，完成规定次数。

训练要求：开始时，髋部要打开，避免上翻时，轮胎损伤膝盖；整个过程保持腰背挺直，核心收紧；发力过程应斜向上，并且当轮胎抬至髋部位置处时，应迅速变换手的姿势，并全身爆发式用力，将轮胎向前推出，抬转推的过程中不可泄力；不能控制轮胎时，应迅速躲开，以防止被砸伤。完成 6～8 次为一组，练习 3 组，组间间歇 60～90 秒。

图 4-63　翻转轮胎

（七）抬轮胎行走（农夫行走）

训练目的：提高全身力量和搬运物资的能力。

动作方法：本练习采用大型轮胎，并将轮胎横放于地面上。练习者站在轮胎中孔内，双足开立，与肩同宽，保持腰背收紧，屈膝屈髋下蹲，双手反手抓住轮胎内缘，作为起始姿势。随后，下肢积极蹬伸，双臂用力将轮胎立起，并向前行进一定距离（图 4-64）。最后，恢复至起始姿势，完成规定距离和组数。

训练要求：练习时背部挺直，核心收紧，肩部下沉不要耸肩。走 10～15 m 为一组，练习 3 组，组间间歇 60～90 秒。

图 4-64　抬轮胎行走（农夫行走）

（八）双人推接轮胎

训练目的：增强上肢及胸部爆发力量，提高同伴协同作业能力。

动作方法：本练习采用大型轮胎，并将轮胎立于地面上。两人面对面站在轮胎两侧约 1 m 的距离。一人将轮胎推倒，另一人双手接住轮胎上沿后顺势屈臂，并屈膝屈髋下蹲，以缓冲轮胎倾倒的冲击力。随后，伸膝、伸髋、伸臂，全身协调发力，将轮胎推向同伴，同伴重复相同动作（图 4-65）。如此反复，完成规定次数。

训练要求：推轮胎时，动作速度及用力程度应大小适中，防止用力过猛将同伴砸伤；接轮胎时，保持核心收紧、腰背挺直，积极下蹲缓冲。每名同伴练习 12～15 次为一组，练习 3～5 组，组间间歇 60～90 秒。

图 4-65　双人推接轮胎

（九）双人背靠背递接轮胎

训练目的：提高练习者躯干旋转力量，强化腹部肌群，提升核心稳定性；增强同伴协同作业能力。

动作方法：本练习采用小型轮胎，两人背向站立，距离适中，双足开立，与肩同宽。其中一人双手抓握轮胎使其保持水平，随后，保持髋部及下肢不动，向一侧转动躯干，并将轮胎传递给同伴。同伴转身接过轮胎，顺势向另一侧转动身体，并再次将轮胎传递给其同伴（图 4-66）。如此反复，完成规定次数。可逆时针、顺时针各练习一定时间或组数。

训练要求：练习时，保持双足及髋部固定，动作速度适中，防止扭伤。每侧完成 12～15 次为一组，练习 3～5 组，组间间歇 60～90 秒。

图 4-66　双人背靠背递接轮胎

（十）双人面对面抛接轮胎

训练目的：增强全身协同力量，提高抛接重物的能力。

动作方法：本练习采用小型轮胎，两人相距 3～5 m 相向站立，双足开立，与肩同宽。一人手持轮胎两侧，使轮胎侧面与地面平行，双腿屈膝适度下蹲，双手持轮胎自然置于大腿前方，随后，下肢伸膝蹬地，腰、腹、手臂协同用力，以合适的速度将轮胎抛给同伴。同伴伸手在胸部前上方，双手接住轮胎两侧，顺势缓冲呈半蹲姿势，控制住轮胎后，再次将轮胎抛给其同伴。然后两人重复抛接动作（图 4-67）。如此反复，完成规定次数。如需增加练习难度，可适度增加轮胎的重量，或两人之间的距离。

图 4-67　双人面对面抛接轮胎

训练要求：练习时，抛接轮胎身体要协调用力，抛给同伴时，用力不宜过猛，以免砸伤对方；接住轮胎后，注意屈膝下蹲，以缓冲轮胎的冲击力。完成12～15次为一组，练习3～5组，组间间歇60～90秒。

图4-68　双人轮胎拔河

（十一）双人轮胎拔河

训练目的：提高全身协同用力、持续用力的能力。

动作方法：本练习采用小型轮胎，两人面对面站立，距离适当，各自双手反握轮胎内径，同时屈膝下蹲至合适高度，手臂伸直。随后，双足用力前蹬进行拔河对抗练习（图4-68）。如此反复，完成规定时间。

训练要求：练习时，重心保持较低且稳定，双臂伸直用力，保持头部正直，双足用力蹬伸。拔河对抗持续时间可30～60秒为一组，完成3～5组，组间间歇60～90秒。

（十二）双人仰卧起坐抛接轮胎

训练目的：增强腹部肌群力量。

动作方法：本练习采用小型轮胎，两人面对面坐在地面上，距离适当，屈膝双足着地，与肩同宽，其中一人双手持轮胎两侧，置于胸前，随后躯干后躺，仰卧于地面，并保持轮胎上举姿势。然后，腹肌迅速收缩发力，将躯干从地面拉起，待躯干与地面夹角约成45°时，双臂迅速用力将轮胎向前上方抛出。同伴双臂张开，在空中接住轮胎两侧，并顺势后仰，以缓冲轮胎的冲击力，待躯干接触地面后，再做仰卧起坐动作，并将轮胎再次抛给同伴（图4-69）。如此反复，完成规定次数。如需增加练习难度，应适当增加轮胎重量或两人间距。

训练要求：练习时，抛出轮胎的力度应适当，以免砸伤同伴；接住轮胎后，仰卧缓冲时，核心收紧，做离心退让收缩；躯干接触地面后应立即坐起，避免躯干在地面停留时间太长。完成20～30次为一组，练习3～5组，组间间歇60～90秒。

图4-69　双人仰卧起坐抛接轮胎

(十三) 单、双足连续跳轮胎

训练目的:提高单、双足弹跳及节奏变化的运动能力。

动作方法:本练习采用小型轮胎,纵向摆放多组轮胎,单组放 1 只轮胎,双组放 2 只轮胎。首先,左足直立站在第一组轮胎中心,右腿提膝使右踝置于左膝位置处,双臂向前上方伸出,做起跳预备姿势。随后,迅速下蹲并双臂后摆,至适当位置后左腿用力跳起,落地时使双足落在第二组两只轮胎中心,并下蹲缓冲。然后,再次双足用力跳起,落地时使右足落在第三组轮胎中心,依次完成后续多组跳跃(图 4-70)。

训练要求:练习时,动作连贯,上下肢协同用力;跳跃时,体验大腿和臀部发力;落地时,注意屈膝屈髋缓冲,同时落在轮胎中心孔内,防止崴脚。连续跳跃 5 次为一组,练习 6～8 组,组间间歇 60～90 秒。

图 4-70 单、双足连续跳轮胎

(十四) 俯撑轮胎登山跑

训练目的:增强腹肌和下肢蹬伸力量。

动作方法:本练习采用大型轮胎,并将轮胎横放于地面上。练习者双手俯撑于轮胎上,与肩同宽,双足放于地面上,与肩同宽,同时双足离轮胎距离适当,并保证双肩在双手的正上方，身体呈一条直线。随后，快速屈膝抬起一条腿，使膝盖向胸部靠拢，足尖勾起，另一条腿保持支撑不动。然后，积极蹬伸屈腿，并屈膝抬起原支撑腿，使双腿在空中互相交换位置，蹬伸腿落地后转为新的支撑腿，如此交替变换双腿姿势，形成登山跑动作（如同俯撑姿势下的提膝高抬腿动作）（图 4-71）。如此完成规定的次数。如需增加动作难度，可适当提高抬腿的频率。

训练要求：练习时，注意保持肩部收紧，双臂稳定支撑，同时腰背挺直，不要将臀部抬得过高；提膝时，尽量向胸部靠拢；交换腿时，要迅速有力，注重动作节奏。每侧腿完成 15～30 次为一组，练习 3～5 组，组间间歇 30～60 秒。

图 4-71　俯撑轮胎登山跑

（十五）轮胎仰卧起坐

训练目的：增强腰腹力量。

动作方法：本练习采用大型轮胎，并将轮胎横放于地面上。坐在轮胎边缘，屈膝用足钩住轮胎内沿，双手抱头或交叉抱于胸前。随后，后仰背部至接近与地面平行或更低位置时，收腹成坐姿姿势（图 4-72）。如此反复，完成规定次数。

训练要求：训练过程中应确保轮胎稳定，同伴可在对侧按压轮胎，仰卧时，核心应收紧，腹肌做离心退让工作，同时注意，后仰不要过低；起坐时，应迅速有力。此外，呼吸节奏为仰卧时吸气，起坐时呼气。每组完成 15～30 次，练习 3～5 组，组间间歇 30～60 秒。

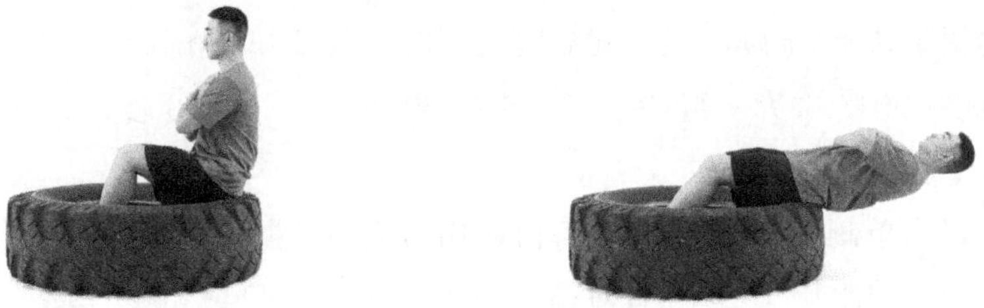

图 4-72　轮胎仰卧起坐

（十六）手持轮胎俄罗斯转体

训练目的：增强腹外斜肌和腹内斜肌力量。

动作方法：本练习采用小型轮胎，练习者坐在地面上，屈膝屈髋两足着地，与肩同宽，躯干略微后倒，下背挺直，双手持轮胎置于胸前。随后，腹部肌群发力带动躯干、双臂及轮胎向左侧转动，至最大幅度后，再次发力向右侧转动（图 4-73）。如此反复，完成规定次数。

训练要求：练习过程中，核心始终保持收紧；转动时注意核心主导发力，并依次带动躯干、手臂及轮胎的转动；同时，动作速度适中，防止扭伤腰部；呼吸节奏为躯干向一侧转动时呼气，躯干转向中立位时吸气。每侧完成 15～30 次为一组，练习 3～5 组，组间间歇 60～90 秒。

图 4-73　手持轮胎俄罗斯转体

图 4-74　轮胎弓箭步转体

（十七）轮胎弓箭步转体

训练目的：增强下肢及躯干扭转力量。

动作方法：本练习采用小型轮胎，练习者双足站立于地面，与肩同宽，双手持轮胎两侧并置于腹前。左足向前迈出一步，距离适中，保持腰背挺直，屈膝下蹲至双膝成 90°，右膝接近地面，呈左弓箭步姿；同时，躯干向左侧转动，将轮胎转至左腿外侧。随后，左足蹬地返回成直立站姿，换异侧继续重复（图 4-74）。

训练要求：练习过程中，核心始终收紧，腰背挺直；弓箭步下蹲时，前侧膝盖不超过足尖；动作节奏为慢下快上，下蹲阶段与起立阶段用时比为 2∶1；呼吸节奏为下蹲时吸气，起立时呼气。每侧完成 15 次为一组，练习 3～5 组，组间间歇 60～90 秒。

（十八）单臂反手侧抛轮胎

训练目的：增强单侧肢体爆发力、全身协调用力能力及抛掷重物力量。

动作方法：本练习采用小型轮胎，身体侧对投掷方向，双足站立于地面，与肩同宽。侧抛方向同侧手（如向左侧抛，则用左手）提着轮胎，先从体前向右侧转动，略微屈膝屈髋，躯干向右侧扭紧，身体重心在右足掌，轮胎保持相对静止后，双足紧踏在地面，做好预备姿势。随后，右足蹬地带动膝部、髋部、躯干依次向投掷方向扭转，并带动左大臂，经胸部左肩向投掷方向转动，最后将轮胎迅速抛出。出手点略高于左肩部，控制抛掷方向（图 4-75）。换左右两臂轮流练习，完成规定次数。

训练要求：抛掷轮胎时，注意全身爆发式用力，同时注意控制好抛掷方向。左右臂每侧完成 8～10 次为一组，练习 3 组左右，组间间歇 60～90 秒。

图 4-75　单臂反手侧抛轮胎

（十九）单臂正手反抛轮胎

训练目的：增强单侧肢体爆发力、全身协调用力能力及抛掷重物力量。

动作方法：本练习采用小型轮胎，身体侧对投掷方向，双足站立于地面，与肩同宽。侧抛方向异侧手（如向左侧抛，则用右手）提着轮胎，先向右侧转动，略微屈膝屈髋，躯干向右侧扭紧，并带动轮胎向身体右后方摆动，身体重心在右足掌，轮胎保持相对静止后，双足紧踏在地面，做好准备姿势。随后，下肢迅速向左侧蹬地、转髋、转腰，并带动胸、右肩、右臂向投掷方向用力，最后将轮胎迅速抛出（图 4-76）。出手点略高于右肩部，控制抛掷方向。换左右两臂轮流练习，完成规定次数。

训练要求：抛掷轮胎时，注意全身爆发式用力，同时注意控制好抛掷方向。左右臂每侧完成 8～10 次为一组，练习 3 组左右，组间间歇 60～90 秒。

图 4-76　单臂正手反抛轮胎

三、轮胎训练注意事项

（一）做好训练前的准备

1．寻找合适场所

室内训练应选择坚固、平坦、无杂物的场地，根据场地大小选择训练内容和方式。场地小可做原地能完成的单个动作，场地足够大也可加入一些奔跑、跳跃等训练内容。在室外训练时，地面同样要平坦结实无杂物，周边环境也应保证安全。

2．挑选轮胎装备

可搜集本单位用于训练的轮胎，轮胎型号尽量多，外观完整、没有安全隐患，去掉轮毂。根据训练内容和要求，选择合适型号的轮胎。作为受训人员，应熟悉轮胎的大小、重量、训练方式。

3．做好热身活动

在进行训练之前要做好全身性的热身准备活动，包括提高身体温度、加速血液循环、激发自主神经兴奋性的慢跑、动态拉伸和模仿训练动作的专项活动。

（二）选择训练动作

本部分列举了 19 个训练动作，有利用小型轮胎进行单人、双人的涉及上肢、躯干、下肢身体部位的单个动作，也有利用大型轮胎提高最大力量、跳跃能力、快速力量的训练动作。在动作和训练方式选择上主要根据训练场地状况、训练要求以及训练人员的体能素质水平进行选择。可选择针对身体各部位肌群的动作和一些复合动作。如果想要提高搬运能力，可选择不同姿势负重跑练习；如果想要提高同伴间配合的默契程度，则可选择双人协同练习。

第五节　单双杠训练

一、单双杠训练简介

单双杠运动是一项普及程度非常高的体育项目，无论是竞技体育，还是大众健身，甚至是学校体育，乃至特种行业体育（如消防体育），都能见到它的身影。单双杠器材也随处可见，如小区、公园、学校等场所。练习单双杠可有效发展上肢、胸背、腰腹肌群的基础力量、力量耐力水平，长期练习甚至可以达到减脂瘦身、增加肺活量、促进新陈代谢的目的。对于一些因久坐导致脊柱姿势不良的人群而言，通过单杠悬吊的方式，可以实现调整脊柱状态，缓解腰、颈疼痛的功能。单双杠练习为长站久坐人群首选的经济、有效训练手段。对于长站久坐人员来说，如果在野外条件下没有单双杠训练条件，可准备适用于室内的单双杠简易器材。现行市面上所售卖的用于室内训练的单双杠，体积小、可拆装，便于携带，可作为室外单双杠训练的器械。

本部分练习主要采用能方便拆卸组装的单双杠，主要练习悬垂和支撑动作，以增强上肢、躯干等肌群的力量，以及全身协调用力能力，同时也为掌握更高级的单双杠练习打基础。

二、单杠训练方法

(一) 站姿握柱划船

训练目的：增强前臂肌群、肱二头肌、三角肌后束、肩袖肌群、斜方肌和背阔肌力量，同时为过渡到完成标准引体向上打基础。

动作方法：以一根可抓握且牢固的立柱[如较低的横杠(高约 1.5 m)、树干等]为训练器材(本练习主要以单杠作为训练器材)。练习者双手十指交叉抱紧立柱(如双手无法抱在立柱上，则可用毛巾、背包绳套在立柱上，然后双手抓握住毛巾或背包绳)，高度约与胸部位置齐平，同时站在双足尖距离立柱 10～15 cm 位置处，作为起始姿势。随后，身体呈一直线逐渐向后倾斜，直至双臂伸直，身体与地面成一定角度，稍稍停顿，肩胛骨靠拢，双手用力同时屈臂将身体拉向立柱，恢复至起始姿势(图 4-77)。如此反复，完成规定次数。

训练要求：练习过程中，保持核心收紧，身体始终呈一条直线；动作节奏为慢下快上，身体后倾阶段与前拉阶段用时比为 2∶1；呼吸节奏为身体后倾阶段吸气，前拉阶段呼气。完成 30～50 次为一组，练习 3 组，组间间歇 30～60 秒。

图 4-77　站姿握柱划船

(二) 仰卧直腿划船

训练目的：增强前臂肌群、肱二头肌、三角肌后束、肩袖肌群、斜方肌和背阔肌力量，同时为进一步过渡到完成标准引体向上打基础。

动作方法：采用高 1～1.5 m 的单杠（或与髋部高度相当的水平物体，如餐桌、书桌、凳子、史密斯架杠铃杆）作为训练器材。练习者双手抓握单杠，握距与肩同宽，杠与胸部齐平，身体仰卧或斜立于杠下，躯干呈一线，两足并拢，两足跟牢牢踩在地上，两臂完全伸直。随后，两臂用力拉起身体，以双足为支点将胸部拉向单杠，直到胸部触杠或与双手高度一致。稍作停顿，伸直双臂，回到起始姿势（图 4-78）。如此反复，完成规定次数。

训练要求：该练习动作中，身体的角度决定了动作的难度，身体越接近水平，难度越高；身体越接近垂直，难度越低。此外，在练习过程中，保持核心收紧，身体始终呈一条直线；动作节奏为慢下快上，下降阶段与上升阶段用时比为 2∶1；呼吸节奏为下降阶段吸气，上升阶段呼气。完成 10～15 次为一组，练习 3～5 组，组间间歇 30～60 秒。

图 4-78　仰卧直腿划船

（三）弹力带助力引体向上

训练目的：利用弹力带减阻，协助完成引体向上。同时，增强肱二头肌、肱桡肌、大圆肌、背阔肌、菱形肌、斜方肌下束力量。

动作方法：将弹力带一端套在单杠上，另一端用单足（或双足）踩住，身体站在单杠正下方。双手正握单杠，掌心朝前，距离略比肩宽，手臂伸直，身体自然下垂。随后，保持身体和下肢不动，肩胛骨下回旋，屈肘将下颌拉向横杠，直至下颌过杠。然后，还原至直臂悬垂姿势（图 4-79）。如此反复，完成规定次数。

弹力带助力引体向上视频

图 4-79　弹力带助力引体向上

训练要求：如果一根弹力带减阻不理想，可用多根弹力带协助，同时要注意将弹力带固定好，防止弹到身体；练习过程中，保持腰背挺直，核心收紧，身体不要晃动；肩胛骨内收，带动手臂下拉完成动作；下放时，手臂要伸直。此外，动作节奏为慢下快上，下放阶段与引体阶段用时比为 2∶1；呼吸节奏为下放阶段吸气，引体阶段呼气。完成 8～12 次为一组，练习 3 组，组间间歇 60～90 秒。

（四）徒手半程引体向上

训练目的：增强上肢、肩部及上背部力量，由于该动作做功减半，因此可为完成完整引体向上打基础。

动作方法：站于单杠下方，双手正握单杠，掌心朝前，距离略比肩宽。首先，双足蹬地靠惯性使下颏过杠，呈屈臂悬垂动作。然后，稍作停顿，伸臂使身体下降，至肘关节成 90°夹角，并保持不动。最后，在该姿势下用力屈臂使下颌再次过杠（图 4-80）。如此反复，完成规定次数。

训练要求：练习时，保持腰背挺直，核心收紧，身体不要晃动；下放阶段，要有控制地进行，直至肘关节夹角为 90°；引体阶段，肩胛骨内收，带动手臂下拉完成动作。此外，动作节奏为慢下快上，下放阶段与引体阶段用时比为 2∶1；呼吸节奏为下放阶段吸气，引体阶段呼气。完成 8～10 次为一组，练习 3～5 组，组间间歇 90 秒。

图 4-80 徒手半程引体向上

（五）离心引体向上

训练目的：增强上肢、肩部及背部的离心力量，提高完成引体向上能力。

动作方法：站立于单杠下方，双手正握单杠，掌心朝前，距离略比肩宽。首先，双足蹬地靠惯性使下颏过杠。然后，稍作停顿，并缓慢使身体下降成屈臂悬垂动作，直至直臂悬垂状态。最后，双足落至地面，稍作停顿后，重复以上动作（图 4-81）。

训练方法：由于该动作重点发展上肢、肩背部肌群的离心力量，因此在下降阶段，动作应较为缓慢，可用 3～5 秒的时间使身体下放；而在引体阶段，可借用下肢蹬地力量，使下颏快速过杠。此外，整个过程，保持腰背挺直，核心收紧，身体不要晃动。完成 6～8 次为一组，练习 3～5 组，组间间歇 60～90 秒。

离心引体向上视频

图 4-81　离心引体向上

（六）悬垂屈膝收腹

训练目的：提高肩关节稳定性，增强前臂抓握力量、腹肌及屈髋肌群力量。

动作方法：站立于单杠下方，双手正握单杠，掌心朝前，距离略比肩宽，手臂伸直，身体自然下垂，两腿并拢伸直。随后，保持上肢和躯干不动，屈膝收腹，抬起大腿至膝盖贴近胸部后，恢复悬垂状态（图 4-82）。如此反复，完成规定次数。

训练要求：收腹时，双膝尽量上抬，动作缓慢，并在动作顶点持续收缩，以最大限度刺激腹部肌群；下放时，双足应完全伸直。呼吸节奏为收腹阶段呼气，下放阶段吸气。完成 5～10 次为一组，练习 3～5 组，组间间歇 60～90 秒。

悬垂屈膝收腹视频

图 4-82　悬垂屈膝收腹

（七）悬垂举腿

训练目的：增强腹肌、屈髋肌群（尤其是髂腰肌、股四头肌）力量。

动作方法：站立于单杠下方，双手正握单杠，掌心朝前，距离略比肩宽，手臂伸直，身体自然下垂，两腿并拢伸直。随后，以髋为轴，平缓抬起双腿，直到双腿与地面平行，大腿与躯干成 90°夹角（或小于 90°），保持 1 秒后，再缓慢放下呈起始姿势（图 4-83）。如此反复，完成规定次数。

训练要求：整个练习过程中都应缓慢且有力地控制速度，因为动作速度越快，惯性的成分就越大，训练的效果就越差；同时，身体不要晃动，双腿应完全伸直。此外，如需增加训练的效果，双腿可举至更高的位置，并在该位置处保持相对较长时间。最后，呼吸节奏为举腿时呼气，下降时吸气。完成 5～10 次为一组，练习 3～5 组，组间间歇 60～90 秒。

悬垂举腿视频

图 4-83　悬垂举腿

（八）悬垂屈腿绕环

训练目的：增强腰腹力量。

动作方法：站立于单杠下方，双手正握单杠，掌心朝前，距离略比肩宽，手臂伸直，身体自然下垂，双腿并拢伸直。随后，屈髋将腿直腿抬起，并以髋为轴，双腿沿逆时针或顺时针画圈（图 4-84）。如此反复，完成规定的圈数。如需增加难度，可加大画圈的幅度。

训练要求：整个练习过程都应缓慢且有力地控制画圈的速度；同时，身体不要晃动，双腿尽量保持伸直状态。左右各 5 圈为一组，练习 3～5 组，组间间歇 60～90 秒。

悬垂屈腿绕环视频

图 4-84　悬垂屈腿绕环

（九）悬垂摇摆

训练目的：增强腰腹力量。

动作方法：站立于单杠下方，双手正握单杠，掌心朝前，距离略比肩宽，手臂伸直，身体自然下垂，两腿并拢伸直。随后，上肢及躯干保持不动，下肢向身体一侧用力摆至最大幅度，稍作停留后，缓慢将身体向另一侧摆动至最大幅度（图 4-85）。如此反复，完成规定次数。

悬垂摇摆视频

图 4-85　悬垂摇摆

训练要求：整个练习过程中都应缓慢有力地控制摆动速度。每侧摆动 5～10 次为一组，练习 3～5 组，组间间歇 60～90 秒。

三、双杠训练动作

（一）上斜俯卧撑

训练目的：增强胸大肌、胸小肌、前锯肌、三角肌前束及肱三头肌力量。

动作方法：练习者双手各握一杠，间距与肩同宽，手臂伸直。双腿并拢向后伸直，足尖着地并保持平衡，身体斜立于双杠之间，肩部、髋部、膝盖和足呈一条直线，作为起始姿势。随后，屈臂俯身，胸部低于肩部后，稍微停顿，然后再撑起身体，恢复起始姿势（图 4-86）。如此反复，完成规定次数。

训练要求：练习时，保持挺胸直背，身体不要晃动；腹部收紧，不要塌腰或翘臀；动作节奏慢下快上，下降阶段与推起阶段用时比为 2∶1；呼吸节奏为下降时吸气，推起时呼气。完成 8～15 次为一组，练习 3～5 组，组间间歇 60 秒。

上斜俯卧撑视频

图 4-86　上斜俯卧撑

（二）双杠俯卧撑

训练目的：增强胸大肌、胸小肌、前锯肌、三角肌前束、肱三头肌力量，由于该动作中双足支撑于双杠上，因此对身体整体稳定性有更高的要求。

动作方法：练习者双手各握一杠，站于双杠之间，随后借助下肢蹬地跳跃力量，双臂伸直，将身体支撑起来。然后身体前倾，先双腿后伸将踝搭在双杠上，再调整双踝与双手之间的距离，待身体呈一条直线后，最后将前足掌支撑于双杠上，作为起始姿势。收紧腹部，背部挺直，屈肘使身体下沉，至胸部贴近双杠，上臂与躯干夹角约为 45°。稍微停顿后，迅速推起身体，回到起始姿势（图 4-87）。如此反复，完成规定次数。在训练中，力竭可以只做半程动作，保持均匀速度即可。

训练要求：如采用室内分体式小型双杠，双足可踩在方凳上面，但要时刻注意安全。练习时，保持腰背挺直，身体不要晃动；腹部收紧，不要塌腰或翘臀；动作节奏慢下快上，下降阶段与推起阶段用时比为 2∶1；呼吸节奏为下降时吸气，推起时呼气。完成 8～10 次为一组，练习 3～5 组，组间间歇 60～90 秒。

双杠俯卧撑视频

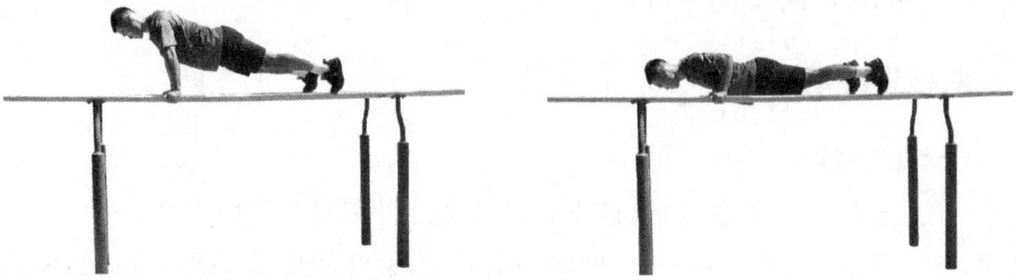

图 4-87　双杠俯卧撑

（三）杠上搭腿臂屈伸

训练目的：增强肱三头肌力量，为完整双杠臂屈伸打基础。

动作方法：练习者双手各握一杠，站于双杠之间，随后借助下肢蹬地跳跃力量，双臂伸直，将身体支撑起来。然后，身体后倾，先双腿前伸将踝搭在双杠上，再调整双踝与双手之间的距离，待躯干约垂直于地面后，最后将足后跟支撑于双杠上，作为起始姿势。收紧核心，屈肘使身体下沉，臀部下降，至肘部成直角，再次撑直双臂恢复至起始姿势（图 4-88）。如此重复，完成规定次数。

训练要求：如采用室内分体式小型双杠，双足可踩在方凳上面，但要时刻注意安全。练习时，肩部收紧；动作节奏为慢下快上，下降阶段与推起阶段用时比为 2∶1；呼吸节奏为下降时吸气，推起时呼气。每组 5～10 次，练习 3～5 组，组间间歇 60 秒。

杠上搭腿臂屈伸视频

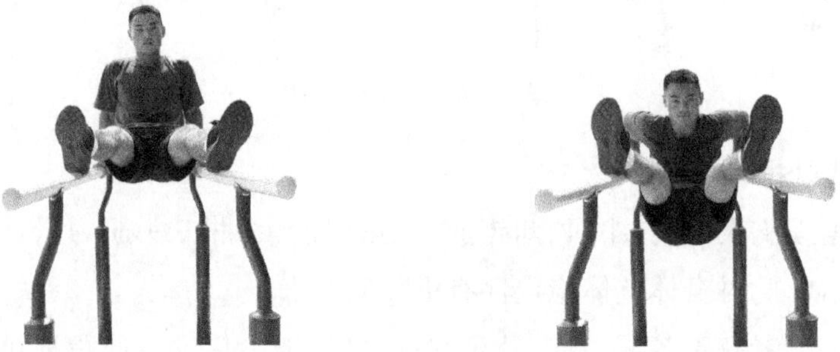

图 4-88　杠上搭腿臂屈伸

（四）双杠直臂支撑前后移动

训练目的：增强上肢肩、肘、腕关节的支撑力量，提高杠上双臂移动能力。

动作方法：练习者直立于双杠一端，双手握杠，跳起成直臂支撑。随后，身体左右变换身体重心，双手借单臂支撑瞬间向前依次交替移动，从而使身体向双杠另一端移动（图 4-89）。

训练要求：练习过程中注意安全，从双杠一端移动到另一端为一组，练习 3～5 组，组间间歇 60～90 秒。

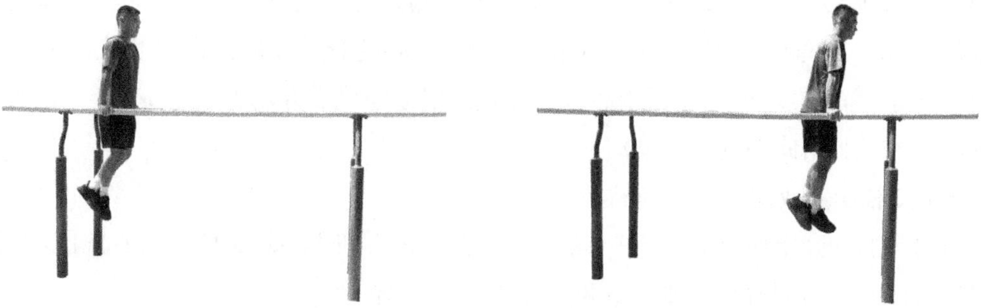

图 4-89 双杠直臂支撑前后移动

（五）双杠臂屈伸

训练目的：增强肱三头肌、三角肌和胸部肌群力量。

动作方法：练习者站在双杠中间，双手紧握双杠，用力撑起整个身体，双臂垂直于地面，此时身体悬空，双腿屈膝，两小腿再体后交叉并拢（如采用室外大型双杠，则双腿可伸直），作为起始姿势。随后，收紧腹部，缓慢地屈肘使身体下沉，直至上臂与地面平行时停止，然后再向上撑起身体恢复至起始姿势（图 4-90）。如此反复，完成规定次数。

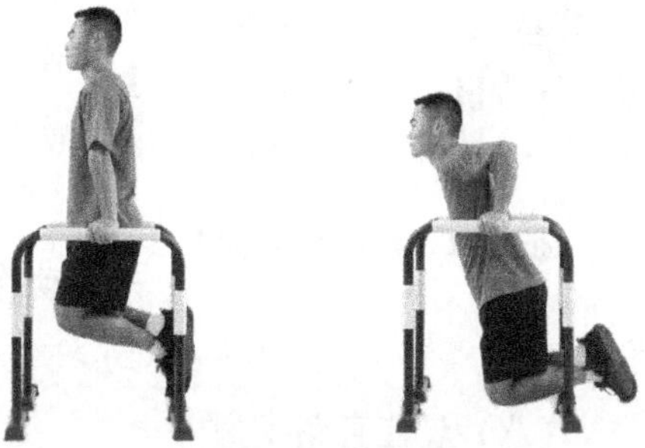

图 4-90 双杠臂屈伸

双杠臂屈伸视频

训练要求：练习过程中小臂始终垂直于地面；如以发展肱三头肌力量为主，则躯干应垂直于地面，并屈肘至 90°；如以发展胸大肌力量为主，则躯干适当前倾约 30°，同时屈肘尽可能至最低点。动作节奏慢下快上，下降阶段与推起阶段用时比为 2∶1；呼吸节奏为下降时吸气，推起时呼气。完成 8～12 次为一组，练习 3～5 组，组间间歇 60～90 秒。

（六）团身支撑

训练目的：增强核心、肩带、肱三头肌和胸肌力量。

动作方法：练习者站在双杠中间，双手紧握双杠，用力支撑起整个身体，双臂垂直于地面，此时身体悬空，双腿屈膝，两腿在体后交叉并拢，作为起始姿势。随后，用核心肌肉发力收起双腿，使膝盖尽量靠近胸部，双臂始终伸直，将脊柱上推，臀部上提，肩胛外展，直至躯干几乎与地面平行，同时身体略微前倾以保持平衡，在该姿势下，保持一定时间（图 4-91）。

图 4-91 团身支撑

训练要求：该动作具有一定的风险，一方面要确保小型双杠的稳固支撑，另一方面要保持身体重心的稳定与平衡，以防摔倒，必要时需同伴协助完成此动作。初学者练习时，支撑时长可略短，然后随着动作的熟练延长支撑时间。此外，由于支撑时间较短，可适当采用憋气的方式以辅助完成支撑动作。完成 10～15 次为一组，练习 3～5 组，组间间歇 60～90 秒。

（七）双杠团身收腹

训练目的：增强上肢肌群（肱三头肌、三角肌）、核心肌群（腹直肌等）、屈髋肌群（髂腰肌、股四头肌）力量，同时为过渡到直角支撑练习打基础。

双杠团身收腹视频

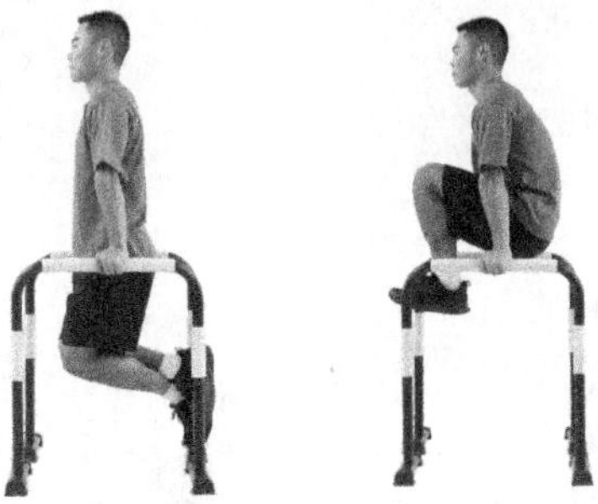

图 4-92　双杠团身收腹

动作方法：练习者站在双杠中间，双手紧握双杠，用力支撑起整个身体，双臂垂直于地面，此时身体悬空，双腿屈膝，两小腿在体后交叉并拢，作为起始姿势。随后，屈膝屈髋，抬起双腿，直至大腿与地面平行，髋、膝关节约成 90°，稍作停顿，恢复至起始姿势（图 4-92）。如此反复，完成规定次数。如需增加练习难度，可将双腿进一步抬高。

训练要求：练习过程中，身体不要前俯后仰，以免摔倒；动作节奏为慢下快上，呼吸节奏为下放时吸气，抬起时呼气。完成 10～15 次为一组，练习 3～5 组，组间间歇 60～90 秒。

（八）双杠直角支撑

训练目的：增强上肢肌群、屈髋肌群力量，同时增强核心区力量。

双杠直角支撑视频

动作方法：练习者站在双杠中间，双手紧握双杠，用力支撑起整个身体，双臂垂直于地面，此时身体悬空，双腿屈膝屈髋上抬，至大腿与地面平行，作为起始姿势。随后，伸直双膝，使下肢与地面平行，此时双腿与躯干成 90°夹角，足尖自然勾起，保持该姿势稳定不动，直至规定时长或力竭（图 4-93）。如此反复，完成规定组数。

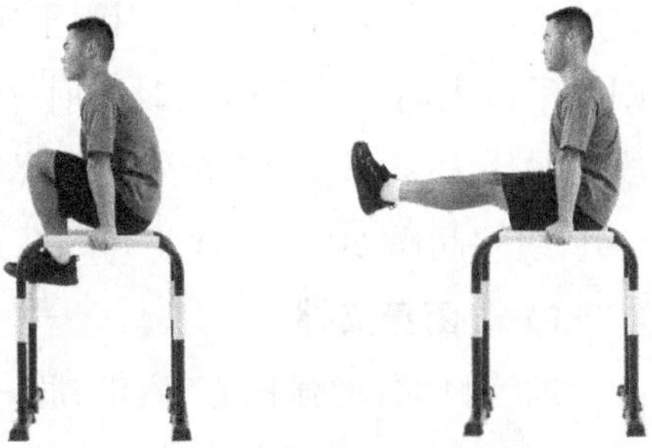

图 4-93　双杠直角支撑

训练要求：训练过程中，保持腰腹始终收紧，双腿尽量伸直。每组保持 30 秒，练习 3～5 组，组间间歇 60～90 秒。

（九）双杠侧向团身收腹

训练目的：增强腹内斜肌、腹外斜肌群、肩部力量。

动作方法：本练习采用室内分体式小型双杠，练习者站在双杠中间，双手紧握双杠，用力支撑起整个身体，双臂垂直于地面，此时身体悬空，双腿屈膝，两小腿在身体后方并拢，作为起始姿势。随后，收紧腹部，略微含胸，将双腿屈髋向身体右侧上抬，至大腿与平面平行，然后，放下双腿，恢复至起始姿势后，再向左侧上抬至大腿与地面平行（图 4-94）。如此左右侧交替重复，完成规定次数。

训练要求：在训练中，需要收紧核心，向身体一侧上抬双腿时，需要顺势扭转身体，尽量将双腿抬高至腹斜肌收紧。左右两侧各完成 8～12 次为一组，练习 3～5 组，组间间歇 60～90 秒。

双杠侧向团身收腹视频

图 4-94 双杠侧向团身收腹

四、单双杠训练注意事项

（一）做好训练前的准备

1. 寻找合适场所

室内训练选择坚固、平坦、无杂物的场地，且能较好地固定器械，根据场地大小空间高度选择训练内容和方式。在室外训练时，地面同样要平坦、结实、无杂物，周边环境也应保证安全。

2. 挑选训练装备

如果是在室内训练，可购置能拆装、便携、轻便的单双杠器械，训练前应安装好，检查固定结实程度，确保训练过程中的人身安全。如果有专门的器械训练场，可配置标准的体操训练用的单双杠器械。

3. 做好热身活动

在进行训练之前要做好全身性热身准备活动，包括提高身体温度、加速血液循环、激发自主神经兴奋性的慢跑、动态拉伸和模仿训练动作的专项活动。

（二）选择训练动作

1. 选择适宜的训练动作

本部分单双杠的练习动作，选择了最常见的悬垂类、支撑类的力量练习方式。通过训练完成从零基础向要求更高的体操器械练习的过渡。

2. 选择适合的练习难度

本部分针对单杠引体向上、双杠臂屈伸综合核心训练，列出了一系列的训练方法。可通过较低难度的练习方式，并经过一段时间训练，改善肌纤维结构，抗疲劳能力，为提高最大力量和耐力奠定基础。练习者可根据自己所处的训练水平，选择合适的动作作为训练起点，逐级向更高的水平努力，也可以选择阶梯式训练方法，通过递增或递减负荷达到训练的目的。动作由单一逐渐过渡到复合动作。

3. 保持正确的身体姿势

训练过程中坚持动作由慢到快、由易到难循序渐进提高的原则，不断挑战自己的极限，提高训练水平。训练动作幅度、难度始终可控，保持躯干稳定，防止动作变形以减少损伤的概率，必要时请训练伙伴帮助，最大限度地增加运动的效益。

4. 采用合理的呼吸节奏

训练过程中采用合理的呼吸节奏能够提升训练的效果，通常在肌肉向心收缩阶段（动作的发力阶段）时呼气（呼气时腹内压、胸内压升高，使核心、躯干稳定性提高，有利于动作的完成），而在肌肉离心收缩阶段（如深蹲的下降阶段、俯卧撑的下降阶段等）时吸气。此外，在克服较大重量时可短暂憋气。

（三）训练负荷的确定

1. 训练频率

同一肌肉群隔天练习，每周要进行 2～3 次的训练，尽可能保证锻炼部位训练后最少休息 48 小时。

2. 持续时间

在一次训练课中或锻炼时间内，每个训练动作可重复 3～5 组，每个动作速度及间歇时间以能保证完成当天训练为准。组间间隔 30～60 秒，以便有充足的时间让肌肉再次运动时能够得到恢复。

3. 训练强度

选定某一个动作后，一次训练课最低训练总次数为 25～30 次，可以分 3 组完成。当水平提高后，一次训练课训练总数量增加 3～5 次，每组的次数也随之平均增加。直至每组练习可完成 16 次以上，能重复 3～5 组，就可以跨入难度更高的训练了。

（四）训练过程中和训练后的注意事项

1. 身体不适应停止训练

训练时，肌肉酸胀为正常现象，但当机体感觉到疼痛或出现心慌、呼吸急促等现象时要立即停止，审视练习动作是否规范，身体是否有伤病隐患，身体能力和训练动作难度是否匹配，训练负荷是否过量，准备活动是否充分等。将所有隐患排除后再循序渐进开始训练。

2. 训练后应注意恢复放松

训练结束后，做好训练部位的恢复放松，可通过拉伸、泡沫轴筋膜梳理、按摩、冷热水浴等方式进行，以加速机体恢复，防止运动损伤，从而保持长期训练的能力。

复习思考题

1. 如何在野外环境进行有效的体能训练?
2. 如何在野外环境选择简易工具或器材进行体能训练?
3. 在野外环境训练时注意事项有哪些?
4. 如何调控野外环境下训练的负荷量与强度?

本章参考文献

孙文新,2011.现代体能训练悬吊训练法[M].北京:北京体育大学出版社.

扎克·埃文,2016.地下力量训练全书[M].王亦飞,译.北京:北京科学技术出版社.

张英波,2006.现代体能训练方法[M].北京:北京体育大学出版社.

第五章

拉伸放松与运动损伤康复训练

导　语

运动损伤是指在进行体育活动过程中产生的身体损伤。可能导致运动损伤的因素有很多，包括运动的场地环境不安全、锻炼的负荷强度过大、个人的技术水平有限，以及运动着装不合理、热身不充分等。

根据损伤发生的时间或者伤后病程的阶段可以将运动损伤分为急性损伤和慢性损伤。发生运动损伤并不可怕，重要的是要在损伤后及时进行科学有效的运动康复练习，从而促进肌肉和骨骼的恢复，最终恢复机体的功能。对于所有的运动损伤来说，康复流程均大致可以分为以下三个时期四个阶段。

第一个时期为急性期，目的是最大限度减轻肿胀。它主要包括第一阶段，此阶段的主要任务是采取“PRICE”原则来控制住急性疼痛以及机体出现的炎症。PRICE指的是急性损伤后处理的原则，一般来说急性期大概是伤后的1～3天，但是其急性期的长短也会因人而异，同时还要根据伤口的严重程度和深浅程度来具体判断。PRICE中P是指保护(protection)，R是指休息(rest)，I是指冰敷(ice)，C是指加压包扎(compression)，E是指抬高患肢(elevation)。

第二个时期为康复期，目的是使关节的活动范围正常化并且减轻损伤组织疼痛，确保患肢能够恢复正常的功能。它包括第二阶段和第三阶段，第二阶段的任务是以活动度练习为主，以些许力量训练为辅从而恢复正常的关节活动度；第三阶段则相反，以力量训练为主，以活动度练习为辅，在保持关节活动度的基础上使肌力恢复正常。

第三个时期为训练期，目的是使得患肢至少能够重新达到以往的力量和活动范围，并且要降低再次损伤的风险。它包括第四阶段，此阶段的任务是进行一些功能性训练和专项训练，从而恢复神经肌肉控制、本体感受，以及重新具备较强的功能。

学习目标

学习拉伸放松及运动损伤康复训练的基本方法。

第一节 拉伸放松

无论是高水平运动员，还是大众健身爱好者，抑或是长期不运动的人群，都需要拉伸。拉伸可以促进肌肉疲劳的恢复放松，缓解肌肉疼痛，增加肌肉的弹性、伸展性，并预防在不同运动中的损伤的发生。现代社会为人们提供了各种便利，如坐在电脑桌前办公、开车出行等，这些生活工作方式夺走了人体必需的刺激，导致身体相关部位的肌肉紧绷或缩短，最终引发腰酸背痛肩疼等一系列的健康问题。因此，各类人群均需要通过拉伸来缓解日常生活工作中的肌肉疲劳疼痛问题。本节针对长站久坐人群的身体特点，为其量身定制了一套涵盖肩颈、上肢、躯干、下肢肌群的拉伸放松方法，希望能够帮助该类人群缓解肌肉疲劳，防止肌肉损伤，提高生活工作的质量。

一、肩颈肌群拉伸

（一）斜方肌拉伸

1. 拉伸目的

目标肌肉：斜方肌上束。斜方肌上束位于颈后、肩上及上背部的位置。长期伏案工作，甚至处于紧张状态，人体都会下意识地耸肩、头前伸，导致斜方肌上束持续静态紧绷，从而引发肌肉疲劳和疼痛。为此，可通过拉伸斜方肌上束的方式，来帮助肩颈后部放松。

2. 动作方法

（1）斜方肌上束拉伸：盘腿坐姿（或坐在椅子上），将左手置于头部右后上方，另一手自然置于地面上。先做低头动作，随后将头向左侧屈，最后将头部向右侧旋转，并在该姿势下，左手缓慢用力将头部向左下方拉，待右侧肩颈后部有充分拉伸感后，保持静止不动（图 5-1）。拉伸时间在 30 秒及以上。

图 5-1 斜方肌上束拉伸

（2）斜方肌中下束拉伸：坐姿，屈膝屈髋约 90°，两足开立约 1.5 倍肩宽，双手手背置于两肋位置处，两肘关节置于两膝内侧。随后，两膝关节缓慢内收，推动两肘关节相互靠拢，待后背部有充分拉伸感后，保持静止不动（图 5-2）。拉伸时间在 30 秒及以上。

图 5-2　斜方肌中下束拉伸

3. 拉伸要求

拉伸过程保持自然呼吸，腰背挺直，不要弯腰驼背。拉伸程度以舒适为准，不需要追求更大的幅度，以免拉伤。如果颈部出现疼痛应立即停止拉伸。

（二）胸锁乳突肌拉伸

1. 拉伸目的

目标肌肉：胸锁乳突肌。胸锁乳突肌位于颈部前侧，从锁骨深处沿着颈部侧向生长，与耳后的颅底骨骼相连。长时间弯腰驼背地看电脑、手机，就会导致胸锁乳突肌缩短，而由该肌肉缩短所致的不良姿势称为“秃鹰颈”。此外，颈部也会出现酸胀疼痛的感觉，严重时会出现头痛、目眩。为此，可以拉伸胸锁乳突肌，以达到消肿止痛的功效，并改善颈部血液循环，缓解肌肉酸痛、头痛等症状。

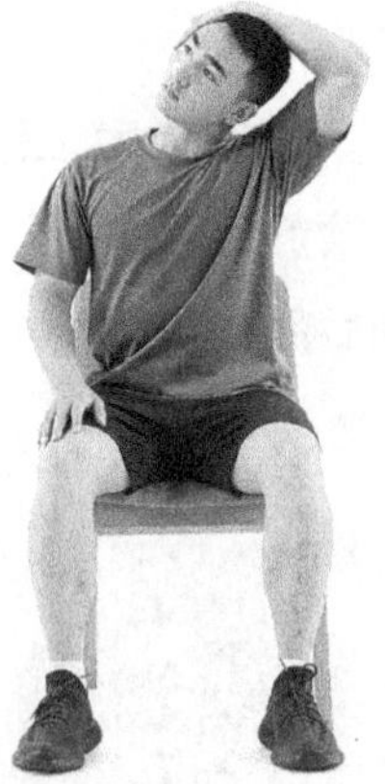

图 5-3　胸锁乳突肌拉伸

2. 动作方法

胸锁乳突肌拉伸：保持坐姿，将左手置于头部右侧上方，右手置于大腿位置处。先做抬头动作，然后将头向左侧屈，并向右侧旋转，在该姿势下，左手缓慢用力将头部向左后下方拉，待颈部右前侧有充分拉伸感后，保持静止不动（图 5-3）。拉伸时间在 30 秒及以上。难度加大：为深化这种拉伸，再次将左手放至头上，右手做向下伸手拿钥匙的动作。

3. 拉伸要求

拉伸过程保持自然呼吸，腰背挺直，不要弯腰驼背。拉伸程度以舒适为准，不需要追求更大的幅度，以免拉伤。如果颈部出现疼痛应立即停止拉伸。

（三）菱形肌拉伸

1. 拉伸目的

目标肌肉：菱形肌。长期伏案或站姿工作，会导致上半身前倾的含胸姿势，使得肩胛骨前伸，引起与之相连的菱形肌僵硬无力，为此需要对菱形肌进行拉伸。

2. 动作方法

双臂自然放于身体两侧，双手放在椅子两边或桌子边缘，双臂伸直将躯干支撑悬空，核心收紧，双腿伸直放松置于身体前侧，并使臀部远离椅子。缓慢放松肩胛，使肩部向双耳靠近，尽可能使肩胛骨做上抬和上回旋，待背部有充分拉伸感后，保持静止不动（图 5-4）。拉伸时间在 30 秒及以上。

3. 拉伸要求

拉伸过程保持自然呼吸，手臂伸直，但避免超伸。身体向下移动时尽量缓慢，保持脊柱中立位，不要低头塌腰或者弓腰。拉伸程度以舒适为准，不需要追求更大的幅度，以免拉伤。

图 5-4 菱形肌拉伸

二、上肢肌群拉伸

（一）前臂肌群拉伸

1. 拉伸目的

目标肌群：①前臂屈肌群：旋前圆肌、桡侧腕屈肌、尺侧腕屈肌等屈腕肌群。②前臂伸肌群：桡侧腕长伸肌、桡侧腕短伸肌、指伸肌等伸腕肌群。

伏案工作者每天长时间重复着用键盘打字、点击移动鼠标、用笔书写甚至使用手机，手腕关节因长期密集、反复和过度的活动，会导致屈腕、伸腕肌群的紧张，进而引起肌肉僵硬、酸痛甚至麻木，严重者会引发腕管综合征（鼠标手），不仅降低工作效率，而且影响生活质量。因此，需对前臂屈伸肌群采取针对性的拉伸。

2. 动作方法

（1）前臂屈肌群拉伸：以拉伸右手为例，盘腿坐姿或站姿，右臂前平举，肘关节伸直，掌心朝上，手指向前。左手握住右手手掌，缓慢向后、向下拉伸右手，使腕关节做伸展动作（图 5-5）。同时左手可给予右手一个内旋的力，以使拉伸感更明显。拉伸时间在

30 秒及以上。

(2) 前臂伸肌群拉伸：以拉伸左手为例，盘腿坐姿或站姿，左臂前平举，肘关节伸直，掌心朝下，握拳。右手握住左拳，缓慢向后、向下拉伸左手，使腕关节做屈曲动作(图 5-5)。拉伸时间在 30 秒及以上。

3. 拉伸要求

拉伸过程保持自然呼吸，并且腰背挺直，不要弯腰驼背。被拉伸一侧的肘关节一定要伸直，否则拉伸效果不佳。前臂伸肌群拉伸时，握拳要紧，否则效果不佳。拉伸程度以舒适为准，不需要追求更大的幅度，以免拉伤。

图 5-5 前臂屈肌群拉伸(左侧两幅图)、前臂伸肌群拉伸(右侧两幅图)

(二) 三角肌拉伸

1. 拉伸目的

目标肌肉：三角肌前、中、后束。长时间的伏案办公会使肩颈周围肌肉的紧张程度增加，尤其是在没有肘部支撑的情况下，肩部肌肉会异常活跃。而肩部肌肉长时间持续收缩会阻碍血液循环，导致头晕脑涨。所以适当拉伸三角肌可以增加肩部周围肌群的血液循环，促进三角肌的恢复放松。

2. 动作方法

(1) 三角肌前束拉伸：双腿屈髋屈膝坐于地面上，双臂后伸，并将双手置于距离臀部约 30 cm 位置处，掌心触地，手指朝向后方、拇指向外。腰背保持挺直，双手向后滑动，尽可能远地后伸，同时身体后倾，待肩部前侧有拉伸感后保持静止不动(图 5-6)。拉伸时间在 30 秒及以上。

(2) 三角肌中束拉伸：站姿或坐位，在左侧腋窝下放置一毛巾(厚度约为 5 cm)，左手置于背后，肘关节呈屈曲位，同时右手握住左手手腕，将左侧前臂向右侧拉伸，待左肩中侧有拉伸感后保持静止不动(图 5-6)。拉伸时间在 30 秒及以上。右肩反之即可。

(3) 三角肌后束拉伸：站姿或坐位，左肘微屈(15°～30°)，同时左臂前平举，拇指向下，右手握住左肘肘关节上方，将左侧大臂拉向右侧，待左肩后侧有拉伸感后保持静止不动(图 5-6)。拉伸时间在 30 秒及以上。右肩反之即可。

3. 拉伸要求

拉伸过程保持自然呼吸，并且腰背挺直，不要侧弯。拉伸程度以舒适为准，不需要追求更大的幅度，以免拉伤。

图 5-6　三角肌前、中、后束拉伸

(三) 肱二头肌拉伸

1. 拉伸目的

目标肌肉：肱二头肌。伏案工作者由于肱二头肌紧张，可能会出现臂丛神经卡压引起的上肢麻木感，因此对于肱二头肌的拉伸不可忽视。通过拉伸肱二头肌，不仅可以缓解肱二头肌的紧张状态并促进血液循环，还能为臂丛神经提供更多的空间，避免不必要的损伤。

2. 动作方法

两足前后开立，站于器械/柱子左前方，右臂向后伸，大拇指朝下握住后方的器械/柱子（或者将手放在低于肩的物件上）。然后屈膝缓慢下蹲，以增加右侧上肢向后伸展的幅度，待右臂肱二头肌有拉伸感后保持静止不动（图 5-7）。拉伸时间在 30 秒及以上。左臂反之即可。

图 5-7　肱二头肌拉伸

3. 拉伸要求

拉伸过程保持自然呼吸，下蹲程度以舒适为准，不需要追求更大的幅度，以免拉伤。在下蹲过程中，肘关节保持伸直，同时上身保持直立。

（四）肱三头肌拉伸

1．拉伸目的

目标肌肉：肱三头肌。对于伏案工作者而言，为了维持大臂前后侧肌群的平衡状态，在对肱二头肌拉伸的同时也要对肱三头肌进行拉伸，以更好地促进血液循环，缓解身体局部的疲劳感。

图 5-8 肱三头肌拉伸

2．动作方法

盘腿坐于地面上，左臂向上举过头顶，略微屈肘，右手握住左臂肘关节。然后，保持躯干姿势不变，右手发力，将左肘拉向身体右侧，同时左手向左侧肩胛骨方向积极伸够，待左臂肱三头肌有拉伸感后保持静止不动（图 5-8）。拉伸时间在 30 秒及以上。右臂反之即可。

3．拉伸要求

拉伸过程保持自然呼吸，并保持躯干挺直。拉伸幅度以舒适为准，不需要追求更大的幅度，以免拉伤。

三、躯干肌群放松

（一）腰腹核心肌群拉伸

1．拉伸目的

目标肌群：竖脊肌、腰方肌、腹内斜肌、腹外斜肌。不良坐姿或弯腰弓背站姿状态下，身体核心部位会承受较大的压力，其中腰背部承受的压力更大，久而久之，会导致腰背部慢性疼痛，甚至引发相邻部位的疼痛，并有可能引起椎间盘突出等伤病。通过拉伸腰腹核心部位肌群，可有效缓解肌肉紧张程度，改善肌肉力线，减轻腰部疼痛。

2．动作方法

坐在椅子前端，双腿打开略宽于肩，胫骨垂直于地面。向前俯身屈髋至右手触地，并放置于两足中间。随后，躯干沿脊柱纵轴扭转，同时把左手慢慢抬高，直至双臂成一条线，待腰腹肌群有拉伸感后保持静止不动（图 5-9）。拉伸时间在 30 秒及以上。右侧反之即可。

图 5-9 腰腹核心肌群拉伸

3．拉伸要求

拉伸过程保持自然呼吸。保持头部、脊柱中立位，不要含胸弯腰，躯干沿脊柱纵轴扭转。拉伸幅度以舒适为准,不需要追求更大的幅度,以免拉伤。

(二) 背阔肌拉伸

1. 拉伸目的

目标肌肉:背阔肌。长期坐姿并且两前臂支撑于桌上的姿势会导致背阔肌持续紧张性收缩,并逐渐紧绷变短。受背阔肌拉力的影响,脊柱胸段会产生代偿性后弓,造成圆肩驼背的体态,进而引发肩部、下背部乃至上臂的酸痛。此外,当单侧背阔肌因持续紧张而收缩变短时,会引起脊柱向紧张侧侧弯,造成脊柱功能受损或丧失。最后,进行不习惯的动作锻炼背阔肌或者长时间伏案工作还会引起背阔肌综合征,其最显著的特征是肩胛下角区域某一个点剧烈压痛。因此,久坐伏案工作后拉伸背阔肌,可改善背阔肌僵硬和紧缩的状态,释放肌肉张力,舒缓身体压力。

2. 动作方法

以拉伸左侧背阔肌为例。盘腿坐于地面上,左臂向上伸至紧贴耳朵,右手握住左侧肘关节。随后,右手用力,将左臂向右侧拉伸,同时躯干向右侧弯曲并右旋,待背阔肌有拉伸感后保持静止不动(图 5-10)。拉伸时间在 30 秒及以上。右侧反之。

3. 拉伸要求

拉伸过程保持自然呼吸。注意将脊柱整体侧弯,避免出现只有腰椎侧弯,其余椎体中立位的现象。此外,臀部不应离开地面,以避免拉伸效果不明显。拉伸幅度以舒适为准,不需要追求更大的幅度,以免拉伤。

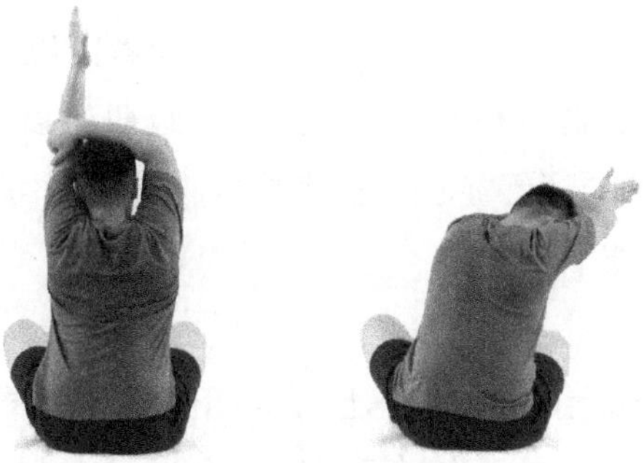

图 5-10　背阔肌拉伸

(三) 髂腰肌拉伸

1. 拉伸目的

目标肌肉:髂腰肌。经常坐着或长时间进行弯腰动作的重体力劳动,髋关节始终处于屈曲位置,那么髂腰肌就处于被动缩短状态,久而久之会导致髂腰肌过紧。紧张的髂腰肌会拉动骨盆前倾,进而带动腰椎前凸幅度增加,导致腰部姿势异常,出现腰部疼痛。此外,髂腰肌紧张可能会产生放射性疼痛,出现下肢疼痛现象。因此,长站久坐人群可拉伸髂腰肌，以缓解肌肉紧张，调整骨盆姿势，防止肌肉疼痛。

2. 动作方法

以拉伸左侧髂腰肌为例，右腿向前迈一步呈单腿跪地姿势。左腿置于身体后方，膝盖和小腿紧贴地面，右膝屈曲约 110°，腰背挺直，双手叉腰。随后，缓慢将重心前移，扩大双腿间的角度，待左侧髂腰肌有拉伸感后保持静止不动（图 5-11）。拉伸时间在 30 秒及以上。右侧反之即可。

3. 拉伸要求

拉伸过程保持自然呼吸，腹部收紧，腰背挺直。拉伸时，避免出现骨盆前倾、弯腰驼背等错误动作。拉伸幅度以舒适为准，不需要追求更大的幅度，以免拉伤。

图 5-11　髂腰肌拉伸

（四）腹部肌群拉伸

1. 拉伸目的

目标肌群：腹直肌、腹内斜肌、腹外斜肌。伏案工作者前侧动力链常常处于紧张缩短的状态，如果平时不注重腹部肌群的放松，可能会导致腹肌过度紧张，前后侧动力链力量失衡，出现肩颈不适，以及慢性腰痛等症状。适当拉伸腹部肌群可以改善躯干柔韧性、增加活动度，甚至促进胃肠蠕动功能。

2. 动作方法

（1）腹直肌：俯卧于地面上（或瑜伽垫上），双腿间距与髋同宽，足背着地，肘关节支撑于肩关节下方，前臂置于地面。然后伸直手臂，将上半身撑起，同时注意骨盆不要离开地面，待腹部前侧有拉伸感后保持静止不动（图 5-12）。拉伸时间在 30 秒及以上。

（2）腹内外斜肌：在上述动作的基础上，逐步向左侧移动双手，使躯干向左侧旋转，同时抬头向左后上方看天花板，此时拉伸的是左侧的腹外斜肌和右侧的腹内斜肌，待上述肌肉有拉伸感后保持静止不动（图 5-12）。拉伸时间在 30 秒及以上。右侧反之即可。需要注意的是，上述动作若要增加练习难度，则双手可逐渐向骨盆靠拢，以增加躯干活动幅度，进而加强拉伸程度。

3. 拉伸要求

拉伸过程保持自然呼吸，肘关节放置位置以舒适为准，撑起上半身时，避免骨盆离开地面（或瑜伽垫）；放松腹内外斜肌时，注意抬头看向对应方向后上方的天花板，以增加拉伸的幅度。拉伸幅度以舒适为准，不需要追求更大的幅度，以免拉伤。

图 5-12 腹部肌群拉伸

（五）胸大肌拉伸

1. 拉伸目的

目标肌肉：胸大肌上、中、下束。胸大肌是位于胸腔前部靠近皮肤的大块肌肉，不良的姿势习惯会导致胸大肌缩短，如含胸驼背。而厨师、司机以及使用电脑工作的人群最容易受到不良姿势的影响。胸大肌过度紧张会影响肋骨和胸骨的扩张，使呼吸阻力增大，并可能导致呼吸模式的改变；使颈椎前方的筋膜紧张，并可能出现头前伸的体态，导致颈椎问题；挤压深层的胸小肌，使其卡压臂丛神经，出现手臂麻木的现象；限制锁骨的转动，从而导致肩带运动受限，增加肩峰撞击综合征的风险；降低胸椎灵活性，并导致肩部、腰部疼痛风险增加。因此，拉伸放松胸大肌就显得格外重要。

2. 动作方法

面对办公柜（或门框）两足前后分开站立，右侧大臂外展 90°，肘关节屈曲 90°，小臂垂直于地面并贴于柜子上（或墙上）。保持右侧上肢位置不动，以右侧肩关节为轴，向左侧缓慢旋转躯干，待右侧胸肌有拉伸感后保持静止不动（见图 3-9）。拉伸时间在 30 秒及以上。左侧反之即可。

3. 拉伸要求

拉伸过程保持自然呼吸。同时，要注意拉伸侧大臂与躯干的角度，避免拉伸不到目标肌肉。拉伸幅度以舒适为准，不需要追求更大的幅度，以免拉伤。

四、下肢肌群拉伸

（一）臀部肌群拉伸

1. 拉伸目的

目标肌群：臀大肌、臀中肌、臀小肌和梨状肌等臀部肌肉。“坐班族”等久坐人群的臀部容易变大，大腿容易变粗，而上身却很正常，从整体看身体犹如“梨”形，这样的臀部称为“办公臀”。其原因在于，久坐会导致臀部长时间处于压力状态，进而引起臀部脂肪堆积，有研究指出“坐班族”的臀部脂肪相比正常可增加 50%。此外，久坐姿势让臀部肌群长期处于被拉长且抑制发力的状态，并且由于臀部血液循环不畅，使得臀肌营养不良，薄弱无力，无法正常参与到身体活动中，如走路、跳跃，这种现象也被称为“臀肌失忆症”。相关研究表明，下背疼痛与伸髋肌群（即臀部肌群）薄弱存在相关性。因此，可通过适当拉伸臀部肌群来促进臀部血液循环，防止肌肉僵硬，激活臀部肌群功能。

2. 动作方法

端坐于椅子上，双腿自然分开，并将右足踝放在左膝上，左脚踩在地面上，双手分别置于右膝、右踝位置处。随后，躯干缓慢向前倾斜，并向右腿积极靠拢，待右侧臀部有拉伸感后保持静止不动（图 5-13），拉伸时间在 30 秒及以上。左侧反之。可变换练习以增加拉伸效果：双手向地面积极伸够并触碰地面。

3. 拉伸要求

拉伸过程保持自然呼吸。躯干前倾的幅度以舒适为准。此外，躯干在向前倾斜时，应避免臀部从椅子上抬起。

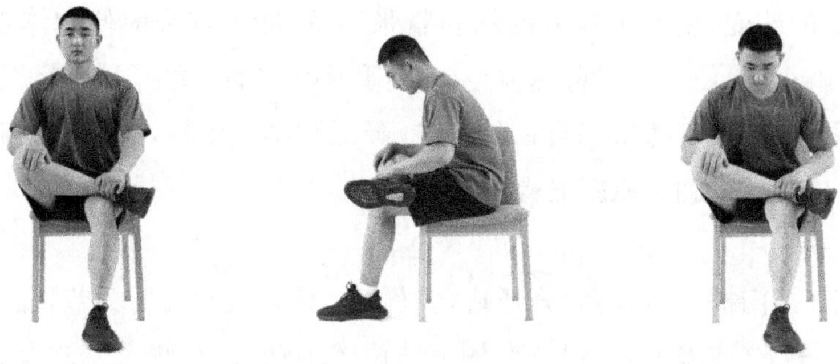

图 5-13　臀部肌群拉伸

（二）腘绳肌拉伸

1. 拉伸目的

目标肌群：腘绳肌（包括股二头肌、半腱肌、半膜肌）。职业司机、办公室职员、门岗执勤人员常常会出现下肢骨骼肌功能紊乱。例如，长时间坐姿会导致腘绳肌的膝关节段收缩变短，而长期立正站姿则会引起腘绳肌紧张僵硬。此外，长站久坐人群由于普遍存在的臀部肌群薄弱现象，会使腘绳肌过多地参与到维持骨盆正常姿势的活动中，引发腘绳肌持续紧张性收缩。这些问题会进一步演化为腰部、膝部等身体环节的疼痛，甚至导致腘绳肌的拉伤。因此，可通过拉伸腘绳肌以避免上述问题的产生。

2. 动作方法

臀部坐在椅子前沿，手扶座椅边缘，左腿伸直并且足跟着地，右腿屈膝约 90°支撑于地面，腰背挺直。随后，向前俯身，勾左足尖，待左腿后侧有拉伸感后保持静止不动（图 5-14）。拉伸时间在 30 秒及以上。右侧反之即可。

3. 拉伸要求

拉伸过程保持自然呼吸。同时，身体重心逐渐压向被拉伸一侧腿，并保持被拉伸腿的足尖勾起状态。拉伸幅度以舒适为准，不需要追求更大的幅度，以免拉伤。

图 5-14 坐姿腘绳肌拉伸

（三）小腿三头肌拉伸

1. 拉伸目的

目标肌群：腓肠肌、比目鱼肌。小腿三头肌虽然体积不大，但却能够轻松地提起整个身体的重量，如跑步和跳跃。长时间站姿工作、走路或过量运动后，小腿三头肌会紧绷，并可能表现出肌腹痉挛、跟腱疼痛、足弓疼痛等症状。此外，由于小腿三头肌过紧而导致的踝关节灵活性不足，也是踝关节损伤的诱因之一。为此，久站或过量运动后对小腿三头肌进行适当拉伸，可缓解上述症状，并降低损伤风险。

2. 动作方法

面对办公柜（或墙面）站立，双手扶在办公柜上，双足距其约 40 cm，并将左足前足掌贴于柜面，左足跟尽量靠近办公柜，同时保持左膝伸直状态。随后，右足积极向前蹬伸，将重心前移至左腿，待左侧小腿三头肌有拉伸感后保持静止不动（图 5-15），拉伸时间在 30 秒及以上。右侧反之即可。

图 5-15 小腿三头肌拉伸

3. 拉伸要求

拉伸过程保持自然呼吸。拉伸幅度以舒适为准,不需要追求更大的幅度,防止膝关节过伸。

(四) 胫骨前肌拉伸

1. 拉伸目的

目标肌肉:胫骨前肌。胫骨前肌位于小腿前侧,其功能除了使踝关节背屈外,还参与足弓的维持。长时间的站立,足弓会持续工作以保持身体平衡,这容易导致胫骨前肌使用过度。久之,就会引起筋膜疲劳性损伤,甚至导致筋膜炎,而拉伸胫骨前肌可有效减少以上症状。

图 5-16 跪姿胫骨前肌拉伸

2. 动作方法

两腿并拢跪姿,足背贴紧地面(或瑜伽垫),臀部坐在足跟上,腰背挺直,双手自然置于大腿前侧。随后,双手支撑在身体两侧,躯干缓慢后仰,保持大小腿贴紧,到小腿前侧有充分拉伸感后,保持动作静止不动(图 5-16)。拉伸时间在 30 秒及以上。

3. 拉伸要求

拉伸过程保持自然呼吸。拉伸时,避免臀部脱离足跟。拉伸幅度以舒适为准,不需要追求更大的幅度,以免拉伤。

第二节 常见急性损伤康复

依据损伤的机制和症状出现的情况,运动损伤可以分为急性损伤和慢性损伤两种。急性损伤是突然发生的,并且原因和症状十分明确。相反,慢性损伤是逐渐发生的。在大多数情况下,认定急性损伤与慢性损伤是很容易的。所有的组织都有耐受变形和应力的特殊能力,当超出这种耐受力水平时,组织就会损伤。当组织瞬时承受的负载超出自身所能承受的范围时,急性损伤就会发生,如骨折、肌肉拉伤、韧带撕裂等。与急性损伤相比,慢性损伤的发生是反复过度负荷的结果,单纯的一次性过度负荷不足以引起不可逆的变形,但是当在一段时间内,这种负荷累积起来并超出组织的损伤阈时,就会引发慢性损伤。本节主要讲常见急性损伤的康复。

一、腕关节周围韧带损伤

前期主要进行第一、二步练习,中期进行第三、四步练习,后期进行第五步练习。

第一步，限制腕关节过度活动，制动休息。急性损伤24小时以内要进行冷敷，24小时之后进行热敷。

第二步，静养期间避免腕关节过度活动，目的是减轻疼痛和肿胀。可以进行轻缓的肌力训练和关节活动度练习，以避免关节黏连和肌肉萎缩。在疼痛可以忍受的范围内，可以采用环绕腕关节、空手伸握拳、屈伸腕关节、手握木棍进行等长收缩等练习。

第三步，腕关节活动度被动练习。练习一：患者站在桌前，将患肢手掌置于桌面，手心向下，手指向前，五指分开，手臂伸直，慢慢地使身体前倾将重力压在手臂上，至感到轻微疼痛时停下2～3分钟，待疼痛减轻后继续加大前倾角度。每组进行10次，完成2～3组。完成这些练习后可以加大强度，只需要将手臂外旋使手指朝后，重复上面操作。练习二：患者站在桌前，将患肢手臂内旋，手掌置于桌面，手心向上，手指向后，五指分开，手臂伸直，慢慢地使身体后倾从而拉伸腕伸肌群，至感到轻微疼痛时停下2～3分钟，待疼痛减轻后继续加大后倾角度。每组进行10次，完成2～3组。练习三：患者站在桌前，将患肢手掌握拳置于桌面，手心相对，拳眼向前，手臂伸直，慢慢地使身体前倾或后倾将重力压在手臂上，至感到轻微疼痛时停下2～3分钟，待疼痛减轻后继续加大角度。每组进行10次，完成2～3组。

第四步，腕关节活动度主动练习。手臂平放于桌上，将手悬出桌面，然后主动进行腕关节屈曲、伸展、尺侧偏和桡侧偏练习，缓慢用力并在动作末端保持10～15秒，每组进行10次，完成3～4组。

第五步，腕部肌力训练。练习一：抗阻屈腕练习。手心向上，手中持一重物作为负荷，如小哑铃等，缓慢屈腕至最大幅度然后停留2秒，再缓慢放下，这一周期计为1次。12次为一组，完成3～4组，组间休息30秒。练习二：抗阻伸腕练习。手心向下，手中持一重物作为负荷，如小哑铃等，缓慢伸腕至最大幅度然后停留2秒，再缓慢放下。这一周期为1次。同样完成12次为一组，进行3～4组，组间休息30秒。练习三：尺桡侧抗阻练习。尺侧练习时弹力带固定在头部上方，手拳握弹力带，拳眼向上，腕关节向尺侧缓慢运动操作步骤如上。桡侧练习时弹力带固定在头部下方，手拳握弹力带，拳眼向上，腕关节向桡侧缓慢运动操作步骤也如上。练习四：拧毛巾练习。双手握住毛巾，同时向相反方向转动手腕至最大幅度，然后双手在互换方向后重复上面操作为一次练习，这个练习既可以加强手腕肌群的力量也可以改善关节活动度。练习五：拧瓶盖练习。患肢手握住瓶盖先将瓶盖拧松再拧紧为1次，重复此操作10次为一组，完成4～5组练习。可以改善腕关节的旋转灵活性。

二、腘绳肌拉伤

腘绳肌拉伤在职业体育运动员中非常常见，特别是涉及高速跑步和长距离的运动中。

常见的风险因素包括以下几个方面：以往运动损伤史、腘绳肌离心力量不足、股二头肌肌束短、动作姿势不标准、从久坐状态突然转换到高速跑状态。腘绳肌拉伤在业余运动爱好者中也十分常见。如果不进行正确的康复，会出现反复拉伤、难以痊愈的状况。

损伤急性期的处理方法建议遵循最新软组织损伤处理原则，对损伤组织进行加压包扎、休息、抬高患肢、防止患肢出现肿胀和瘀血。急性期过后可以采用一些物理治疗与中医治疗结合的手段，如超声波治疗，可以有效快速消炎止痛，促进损伤组织局部的修复；红外线理疗灯，可以促进损伤组织的血液循环；中医针灸治疗加中药外敷同样能够促进肌肉的修复，可消肿止疼。

根据损伤以及恢复程度，在拉伤后 3～7 天，让患者主动或被动进行一些牵拉练习。推荐简单实用的动作。

图 5-17　腘绳肌拉伸

练习一：患者可以平躺在地面（或瑜伽垫）上，抬起患肢至可以忍受的角度，使用辅助工具弹力带套在足掌上。做屈伸膝的动作进行腘绳肌动态拉伸。在此过程中要注意保持勾足尖。建议 10～12 次为一组，每天完成 4 组。为了保持双侧平衡，建议健侧同样进行此训练（图 5-17）。

练习二：起始姿势，患者平躺在地面（或瑜伽垫）上，屈髋屈膝 90°，取适当的瑜伽球置于足跟下方，然后臀部和大腿后侧肌肉收缩抬离至肩、髋、膝呈一条直线，从而有效训练腘绳肌（图 5-18）。建议 10～12 次为一组，每天完成 4 组。

图 5-18　瑜伽球腘绳肌动态伸展

由于肌肉愈合后会出现瘢痕，肌肉的走向将不再像正常肌丝走向一样。肌丝会错综交叉在一起形成一团，这时需要使用泡沫轴对腘绳肌的瘢痕组织进行松解，使受伤的部位能够达到最大的活动范围和力量，预防再一次损伤。

练习三：坐姿，双腿伸直，两腿交叉（一侧踝关节放在被泡沫轴松解一侧的踝关节上），将泡沫轴置于被松解一侧大腿下方，双臂撑于身体后方，背部平直，腹肌收紧。随后，双手推地带动身体移动，将泡沫轴从坐骨结节至腘窝间来回滚动。滚动时间一般为 30～60 秒。在滚动过程中遇到疼痛点时则停在此处，进行 30 秒左右的小幅度滚动，以便进一步松解瘢痕组织，直到疼痛程度有进一步的缓解（图 5-19）。

图 5-19 泡沫轴松解腘绳肌

在腘绳肌没有痛感后就可以进行一些抗阻力量训练，力量训练可以迅速恢复腘绳肌的肌力，为后续的运动做准备。刚开始的力量训练需要循序渐进，从自重开始慢慢增加负荷。针对腘绳肌的力量训练推荐以下进阶练习。

练习一：臀桥练习。患者平躺在地面(或瑜伽垫)上，双手置于体侧，掌心向上。双足分开约一拳距离，双膝屈膝呈 90°。呼气缓慢抬起臀部和腰背部至足跟与肩部支撑，保持 2 秒，吸气缓慢下落(图 5-20)。进阶动作可以在抬起臀部和腰背部的基础上抬离一侧腿，然后缓慢放下，进行交换(图 5-21)。此动作建议 10～12 次为一组，每天完成 4 组。

图 5-20 臀桥练习(基础)

图 5-21 臀桥练习(进阶)

练习二：固定器械坐姿腿弯举。此练习手段只需要调节好器械的角度，然后患者坐在器械上，使膝关节做屈曲动作，锻炼腘绳肌的力量。刚开始锻炼时建议小负荷，多次数(图 5-22)。建议此动作 10～12 次为一组，每天完成 4 组。

练习三：单腿硬拉。两足平行站立，与肩同宽，单手持重物以患侧腿作支撑，吸气屈髋微屈膝并俯身至躯干与地面平行。注意躯干要保持中立位，核心收紧，腰背平直，膝盖不要内扣，要与足尖方向一致。感受大腿后侧的张力，然后呼气伸髋伸膝，恢复起始姿势(图 5-23)。

初次练习时，患者可以扶着椅子来保持平衡。建议 10～12 次为一组，每天完成 4 组。

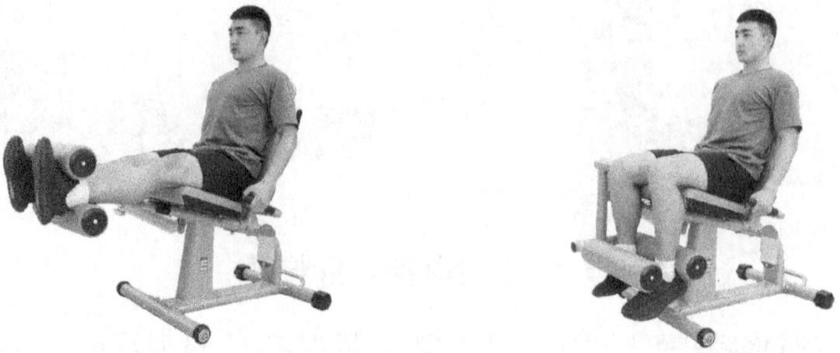

图 5-22　固定器械坐姿腿弯举

图 5-23　单腿硬拉

练习四：北欧降。此动作需要同伴协助压住踝，缓慢使躯干下落。刚开始时双手可以放在两侧缓冲下落。为了降低难度，肩膀、髋关节、膝盖也可以不在一条直线上，髋关节可以屈曲一些角度再下落躯干（图 5-24）。同时，在刚开始练习时可以在胸前抱一个合适的瑜伽球来帮助躯干下落时缓冲。建议 6～8 次为一组，每天完成 4 组。

图 5-24　北欧降

三、急性踝关节扭伤

急性踝关节扭伤常发生在打篮球时落地不稳或下楼梯时踩空，通常是踝关节内翻造成外侧韧带损伤。发生急性踝关节损伤后建议先去医院做一些临床检查，之后视具体情况进行必要的康复训练。

急性期(48 小时以内)要做的就是休息、加压包扎、抬高患肢,之后进行功能训练。

1. 踝关节灵活性训练

泡沫轴滚动练习,使用泡沫轴滚压胫骨前肌和小腿后侧肌群;踝关节环绕画圈练习或写“A、B、C、D、E”练习。建议每组 10～12 次,每天完成 4 组。

2. 踝关节力量训练

弹力带勾足训练:锻炼胫骨前肌,患者坐在地面(或瑜伽垫)上,将弹力带一端固定在固定物上,另外一端固定在足背上,进行勾足练习(图 5-25)。建议每组完成 10～12 次,每天完成 4～6 组。

图 5-25　弹力带勾足训练

扶墙提踵训练:锻炼小腿三头肌,患者双手扶墙或椅子背保持身体平衡,进行双腿提踵训练,视具体情况可以进阶单腿提踵练习(见图 3-25)。建议每侧练习 10～12 次,每天完成 4～6 组。

弹力带足外翻训练:患者将适宜的弹力带套在两足足背上,然后两足分开一定距离,保持弹力带具有适宜张力,随后进行足外翻训练(图 5-26)。建议每组完成 10～12 次,每天完成 4～6 组。

图 5-26　弹力带足外翻训练

3. 踝关节本体感觉训练

单腿站立训练:单腿支撑,一侧大腿需要抬至平行于地面,患者双手叉腰,通过控制足掌来保持身体平衡。每组建议保持 30～60 秒,每天完成 4～6 组。在此基础上可以通过闭眼来提高难度,当可以轻松完成时,可以在睁眼和闭眼时加入上肢的摆臂来提高难度(图 5-27)。在以上都可以轻松完成时,可以在不稳定的物体上保持身体平衡,如单腿站立在平衡垫上保持平衡。

图 5-27 踝关节本体感觉训练

第三节 常见慢性损伤康复

慢性损伤是指累积多次微小损伤所导致的伤病，其特征为出现的时间较慢，病程较长，受伤者往往对受伤的时间和地点无法确定，如长期使用键盘鼠标办公人员常见的鼠标手、伏案工作人员常见的上交叉综合征、久坐人员常见的腰肌劳损等。此外，对于一些急性损伤，如果在伤后处理不当，或者尚未痊愈又再次受伤，会转变为慢性损伤，严重时会产生长期不愈的后果，如踝关节外侧韧带反复扭伤则很容易造成踝关节功能性不稳现象。

一、腕管综合征

在日常办公时建议要正确使用鼠标，避免腕部长时间活动，每小时活动一下腕关节，做一些握拳、捏指等动作。桌面上键盘和鼠标的高度建议低于坐位时肘部的高度，使用鼠标时，手臂不要悬空，选择弧度大、接触面宽的鼠标。

腕管综合征早期治疗的方法就是休息制动，让过度劳累的问题手腕好好休养一段时间，少做重复性动作，避免劳累，否则会使神经的压迫进一步加重。可以通过佩戴腕部护具来减少腕部的劳累。除此之外，热敷、理疗和活动度拉伸练习也有一定的帮助。

腕关节活动度和肌力练习与腕关节周围韧带损伤康复练习相同。此外，针对腕管综合征的预防，可参考本章第一节“前臂肌群拉伸”部分的内容。

二、上交叉综合征

上交叉综合征是指由于长时间伏案工作或者过度锻炼胸部肌肉而导致身体的前后侧

肌肉力量不平衡，进而出现圆肩、驼背、头前伸的现象。特征一般表现为肩颈部肌肉酸痛、头晕、呼吸不畅等症状。

康复方法是对过度紧张的肌肉进行牵拉放松，同时加强薄弱肌群的力量。

(一) 牵拉放松肌肉

1. 牵拉放松胸大肌、胸小肌

站在办公柜(或门框)一侧，牵拉侧的对侧足向前迈出一步，靠近墙一侧的手掌和前臂抵住办公柜。手肘的高度略高于肩胛骨，前臂应该指向天花板，收紧腹部防止弓腰。前腿弯曲，身体向前倾斜，直到胸部有轻微拉伸感，在此维持 40 秒，牵拉放松 2～3 次(见图 3-9)。

2. 牵拉放松斜方肌上束

以拉伸右侧为例，首先患者坐在椅子上，两足分开一定距离，挺胸，腰背部和腹部收紧。上半身微微向左倾斜，然后左手将头部靠向左侧、低头并微微转向右侧。左手扶头部，轻微地将头部拉向一侧，保持 40 秒(图 5-28)。重复 2～3 次，然后换对侧拉伸。

3. 牵拉放松胸锁乳突肌

患者坐在椅子上，两足分开一定距离，挺胸，腰背部和腹部收紧。然后头部缓慢地向后侧和左侧移动，直到颈部右侧有轻微的拉伸感，保持 40 秒(图 5-3)。重复 2～3 次，然后换对侧拉伸。

4. 牵拉放松肩胛提肌

坐立于椅子上，双足分开一定距离，背部和腹部微微收紧。抬起右手臂超过头部的高度，弯曲手肘，右手放在颈后。左手置于后脑勺，向左扭转头部 45°，鼻尖对准左膝。左手以一定的角度轻轻将头部往左膝方向拉，直到颈部右侧有轻微的拉伸感，保持拉伸动作 40 秒(图 5-29)。重复 2～3 次，然后换对侧拉伸。

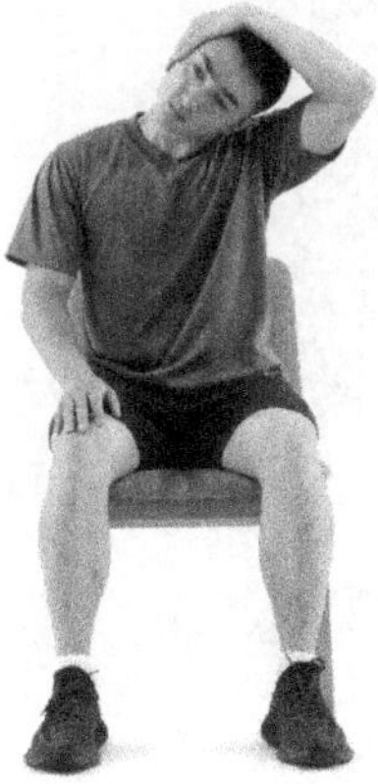

图 5-28　牵拉放松斜方肌上束

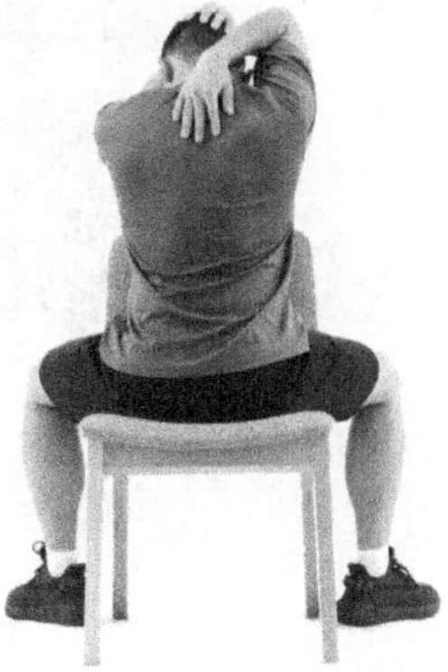

图 5-29　牵拉放松肩胛提肌

5. 牵拉放松背阔肌

站立于椅子靠背后面，两足距其约一臂距离。伸出右手，将手背搭在椅子靠背上，同时左手与右手合十，躯干向右侧倾斜，使左肩高于右肩，并且右侧躯干与手臂呈一条直线。随后，右足后撤一步，使两腿呈弓步姿势站立，同时将重心压在右肩位置处，使整个躯干略呈“弓”形，增加“弓”形弯曲角度，直到右侧背部有拉伸感，保持拉伸 40 秒（图 5-30）。重复 2～3 次，然后换对侧拉伸。

图 5-30 牵拉放松背阔肌

（二）加强薄弱肌群的力量

1. 外旋肌群力量练习

患者侧向对着器械站位或坐位都可以，保持挺胸抬头，腰背和腹部收紧，避免出现反弓腰背，保持躯干中立位。双足站立，与肩同宽，练习侧屈肘 90°（可以在大臂下方夹一块瑜伽砖或者毛巾、书本并保持稳定）。手握弹力带或固定器械做外旋练习（图 5-31）。完成 15 次为一组，两侧交替练习，每天练习 4 组。

图 5-31 外旋肌群力量练习

2. 菱形肌与斜方肌中束力量练习

患者面向器械站位或坐位都可以，上体挺胸抬头，核心收紧，保持躯干中立位。双足站立，与肩同宽，双手握住弹力带的两端，水平往后拉至肘关节 90°位置后继续做肩关节外旋练习。在动作过程中要避免耸肩，尽力收缩后背肌肉将两侧肩胛骨向中间靠拢（图 5-32）。15 次为一组，每天完成 4 组。

图 5-32 菱形肌与斜方肌中束力量练习

3. 下斜方肌力量练习

患者背对墙面贴墙站立，双臂外展大约 90°，肘关节屈曲 90°，并紧贴墙面。然后，双臂贴墙缓慢上举，在此过程中注意肘关节不要离开墙面，下颏微收，上举至两臂平行后，再缓慢屈肘沉肩下拉双臂（图 5-33）。上下一个来回为一次，15 次为一组，每天完成 4 组。

图 3-33 下斜方肌力量练习

4. 深层颈屈肌力量练习

患者平躺在床上，头部放在床边，放松头部和肩膀，然后使用颈部的力量尽量将头部向床上压，同时收缩下颏，保持这一姿势 6～8 秒，10 次为一组，每天完成 4 组。如果患者已熟练掌握该练习动作，可平躺在床上进阶下一练习，先用一个手拖住头部，将头部悬空在床边外，肩部上缘与床的边缘重合，然后收紧下颏，将支撑头部的手拿开，保持耳垂和肩峰呈一条直线，保持这一姿势6～8秒，10次为一组，每天完成4组（图5-34）。

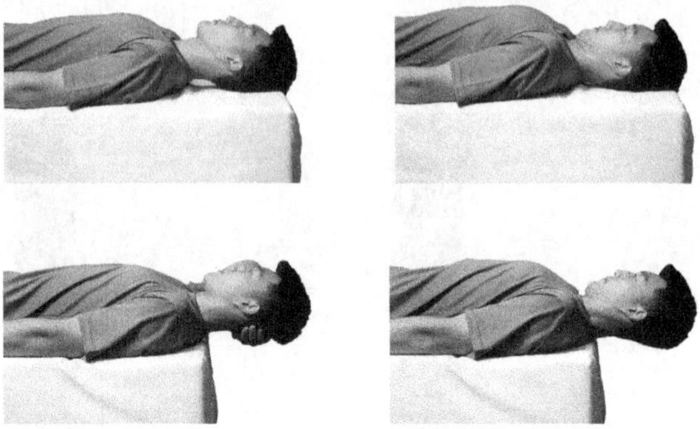

图5-34 深层颈屈肌力量练习

三、下交叉综合征

下交叉综合征也被称为远端或骨盆交叉综合征，是下腰部肌肉系统失衡的一种体态表现。出现下交叉综合征时，位于背侧紧张的胸腰伸肌和位于腹侧紧张的髂腰肌、股直肌前后交叉；位于腹侧薄弱的腹部深层肌肉和臀大肌、臀中肌前后交叉。它能够导致腰部的慢性疼痛等症状。

康复方法是对过度紧张的肌肉进行牵拉放松，同时加强薄弱肌群的力量。

（一）牵拉放松肌肉

1. 牵拉放松髂腰肌

患者呈一足在前、一足在后的弓箭步体位半跪在地面（或瑜伽垫）上，骨盆微微后倾，双臂上举向上延展，此时缓慢将重心前移，然后上体向拉伸侧的对侧侧屈，同侧旋转，体会腹股沟的拉伸感（图5-35）。在该姿势下保持40秒为一组，每侧拉伸2～3组。

图5-35 牵拉放松髂腰肌

2. 牵拉放松股直肌

背对着椅子左膝跪地，右腿支撑且小腿与地面垂直，双手搭在右膝上，然后将左足背搭在椅子边缘。躯干向前略微倾斜，并积极向前顶髋，同时保持骨盆中立位，直到大腿前侧有拉伸感（图5-36）。在该姿势下保持40秒为一组，每侧拉伸2～3组。

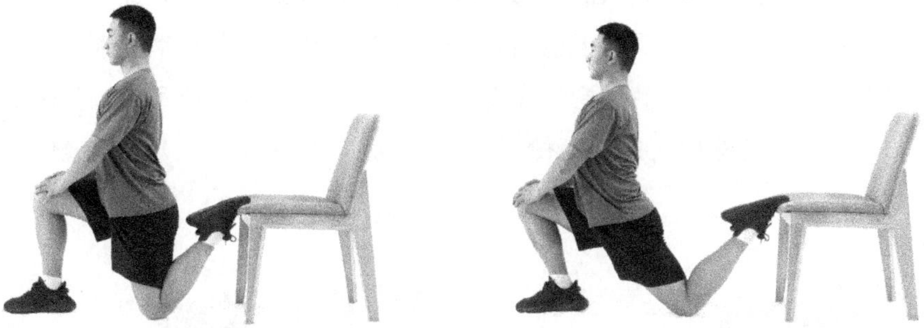

图 5-36　牵拉放松股直肌

3. 牵拉放松背伸肌

患者坐位将身体尽可能向下弯曲，然后往腹部吸气向背部顶，感受下腰部的肌肉拉伸(图 5-37)。在该姿势下保持 40 秒为一组，拉伸 2～3 组。下腰部若拉伸感觉不明显，可以选用筋膜球放在下腰部进行肌肉的松解。

图 5-37　牵拉放松背伸肌

(二) 加强薄弱肌群的力量

1. 臀肌力量练习

患者身体仰卧在地面(或瑜伽垫)上，双腿屈膝保持双足之间的距离与肩同宽，双臂伸直自然放在体侧的地面上，运动时以肩部、背部和双足为身体的支撑点，臀部向上发力，同时牵带着大腿和背部的中下部位向上挺起，当肩部、躯干及膝盖呈一条直线时，保证大腿与小腿垂直，挺髋至最高点并保持 1 秒。可以在腹部下方放一个弹力带增加阻力(图 5-38)。建议 15～20 次为一组，每天完成 4 组。

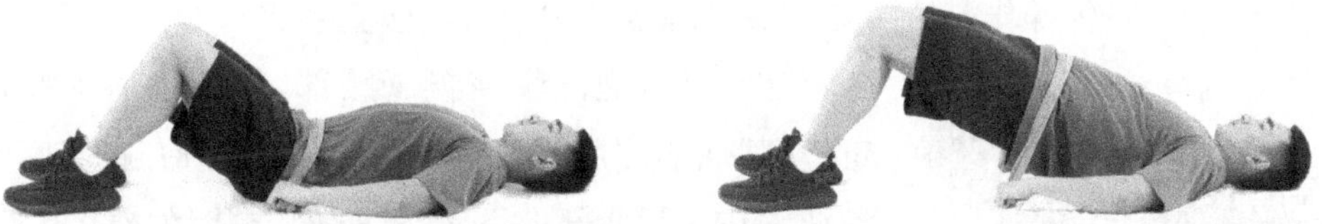

图 5-38　臀肌力量练习

2. 腹部肌群力量练习

(1) 平板支撑：双肘与地面垂直，支撑点在双肩正下方，不能有一丝倾斜。眼睛看地面，保持颈部自然伸直，避免颈部借力。通过自己感觉或借助镜子，确保肩膀、臀部、膝盖和足踝在同一条直线上(形似一块平板)，不塌腰，不借力。足部并拢，双腿内侧夹紧保持肌肉紧张感，腿伸直，臀腿部位夹紧(图 5-39)。在此姿态下尽可能地保持，建议 30～60 秒为一组，每天完成 4～5 组。

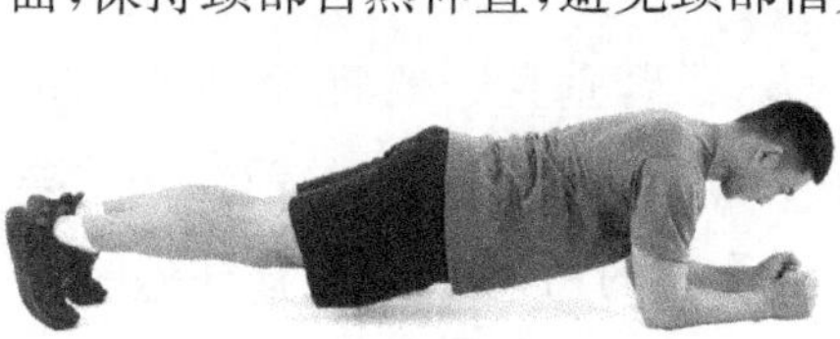

图 5-39　平板支撑

(2) 六点支撑对侧肢体屈伸：先以四足跪姿准备，手掌在肩关节正下方，手臂垂直于地面；膝盖在髋关节正下方，大腿垂直于地面，膝关节约成 90°。动作全程保持脊柱中立，保持骨盆水平，不能旋转，不要在意手足抬的高度与速度。重点放在控制稳定，刚开始训练可以由单抬手或单抬足开始，然后再练习对侧手足同步动作（图 5-40）。建议单侧 15～20 次为一组，每天完成 3～4 组。

图 5-40　六点支撑对侧肢体屈伸

四、腰肌劳损

腰肌劳损为由在生活、工作中长期不良姿势导致的腰部软组织积累性劳损。例如，长期姿势不良，使得腰后部的竖脊肌以及深层的小肌肉长时间持续性收缩，超出肌肉能承受的程度时，就会引起腰肌劳损。

对于腰肌劳损的自我康复，具体操作如下：

1. 改正不良习惯

首先，需要纠正日常不良的工作习惯和体位，避免长期使腰背肌处于高张力状态，久坐 1 小时左右要经常站起来活动。

2. 放松紧张的肌肉

拉伸髂腰肌（具体操作方法可见下交叉综合征中牵拉放松髂腰肌）；泡沫轴滚动放松下腰背，仰卧位，泡沫轴横置于腰部，右侧手肘支撑保持稳定，双腿屈髋屈膝，足掌支撑于地面；臀抬起离地，然后使泡沫轴在下腰背部上下滚压，同时寻找敏感的扳机点（图 5-41）。如果感觉刺激太强烈，可以背对墙站立位，将泡沫轴置于下腰背与墙面之间滚压，逐步过渡。每侧滚压放松 30 秒以上为一组，每天完成 2～3 组。

图 5-41　泡沫轴松解髂腰肌

3. 提高胸椎灵活性

猫狗式：四肢支撑于地面并固定，手掌在肩关节正下方，手臂垂直于地面；膝盖在髋关节正下方，大腿垂直于地面，膝关节约成 90°。吸气时抬头挺胸塌腰，用骨盆的前倾来主导脊柱做一个“S”形动作；呼气时低头含胸，胸椎往上顶，用骨盆的后倾来主导脊柱做一个“C”形动作（图 5-42）。每组 10～12 次，每天完成 3～4 组。

图 5-42 猫狗式

4. 提高深层核心肌群力量

具体练习可见下交叉综合征的平板支撑练习和六点支撑对侧肢体屈伸练习。

第四节 术后康复

术后康复是一个非常重要的话题，它关系到患者的身体健康和生活质量。在手术或医疗操作之后，患者需要通过一系列的治疗和训练来恢复身体的功能，以便能够尽快恢复生活自理能力。术后康复不仅涉及物理治疗、药物治疗和心理治疗，还涉及体能训练等。本节将针对术后康复的体能训练进行探讨，目的是让读者全面了解术后康复的重要性。

一、肩袖损伤术后康复

肩袖由冈上肌、冈下肌、小圆肌、肩胛下肌的肌腱组成，附着于肱骨大结节和肱骨解剖颈的边缘，其内面与关节囊紧密相连，外面为三角肌下滑囊。其环绕肱骨头的上端，可将肱骨头纳入关节盂内，使关节稳定，协助肩关节外展，且有旋转功能。冈上肌附着于肱骨大结节最上部，经常受肩峰喙肩韧带的磨损，从解剖结构和承受的机械应力来看，该部位为肩袖的薄弱点，当肩关节在外展位做急骤的内收活动时，易发生破裂，因肢体的重力和肩袖牵拉使裂口愈拉愈大，而且不易愈合。

早期是指术后 3 周内，要减轻疼痛、肿胀；进行一些徒手肌力练习以防止肌肉萎缩；进行一些关节活动度练习，从而避免关节的粘连。术后第 1 周，在有保护的情况下开始进行一些肘关节活动度练习，主动、缓慢、全范围屈伸肘关节，每 20～30 次为一组，刚开始建议完成 2～3 组。同时在有保护情况下，做一些被动关节活动度练习，如肩关节的前屈、外展、后伸、外旋等。术后第 2～3 周进行一些肩关节前平举、侧平举的肌力练习、适宜负重耸肩练习，建议 15～20 次为一组，每天完成 3～4 组，同时强化活动度练习，逐渐增加被动活动度。

中期是指术后 3～6 周，要继续强化以上练习，直到在练习时基本无痛或不感到疲劳时为止。增加徒手肩关节外展45°、肘关节屈曲90°内外旋练习，适当进阶到弹力带抗阻内旋和外旋肌力练习。同时仍然需要继续强化以上的关节活动度练习和肌力练习，选择适当的负重。建议15～20次为一组，每天完成3～4组。

后期是指术后7～12周，需要继续增加肌力，保证关节的全范围活动度，继续加强关节的活动度练习，此阶段前屈角度增加至170°～180°，增加肩关节外展90°内外旋练习。同时保证力量训练，逐渐增加负荷。维持2周后，保证肩关节全范围活动时无痛，强化肩部力量，改善神经肌肉控制，逐渐恢复各项功能活动。在此阶段推荐以下肌力强化练习：哑铃飞鸟，选用中等负荷，20次为一组，建议每天完成4组。俯身哑铃飞鸟，同样选用中等负荷，20次为一组，每天完成4组。俯卧前平举，可以选择俯卧在床边将头部和双臂悬空，双臂伸直，两手握拳拇指向上，做前平举练习，尽量抬至与躯干呈一条直线。此练习主要加强肩带肌群，提高肩关节和肩胛骨的稳定与控制能力。建议20次为一组，每天完成4组。

二、产后修复

女性在产后常常会出现漏尿、小腹坠胀等现象，这是由妊娠期骨盆扩张导致产后盆底肌和腹直肌松弛无力造成的。所以，在产后为了提高生活质量，需要尽快做一些产后康复训练，一般在产后42天至半年内最佳。产后修复分为黄金期、理想期和有效期，但不代表错过这些时间就不能修复。所有时间进行康复训练均会有效果，但尽早进行产后康复训练效果会更好。针对产后盆底肌无力、腹直肌分离现象，推荐大家做以下动作进行改善。

1. 腹式呼吸练习

患者平躺于地面（或瑜伽垫）上，屈膝约90°，双手平放在小腹上，吸气时腹部隆起，吸气3秒；呼气时腹部和臀部收紧，呼气5秒（图5-43）。一吸一呼为一次，重复20次为一组，每天完成4～5组。

图5-43　腹式呼吸练习

2. 凯格尔配合腹式呼吸

首先要找到盆底肌（排尿时尿一收一尿一收，控制排尿、憋尿的肌肉）。吸气时，收紧盆底肌，呼气时放松盆底肌。重复20次为一组，每天完成4～5组。熟练之后，在日常生活的各个场景都可以锻炼，如久坐办公时、坐地铁时等。